'알바생' 아니고 '알바노동자' 입니다

# '알바생' 아니고
# '알바노동자'입니다

'최저임금 1만원'을 외친 사회운동가 권문석 을 기억하다

사회운동가 고 권문석 추모사업회 기획
오준호 지음

박종철출판사

# 권문석 약력

1978년 2월 5일 출생

1984년 서울화양초등학교 입학

1990년 서울경수중학교 입학

1993년 서울자양고등학교 입학

1996년 성균관대학교 인문학부 입학

1998년 성균관대학교 문헌정보학과 학생회 선전편집부장

1999년 성균관대학교 총학생회 정책국장

2001년 전국학생회협의회 정책국장

2002년 사회당 정치연수원 간부학교 수료,

　　　　제16대 대선 전국유세단

2003년 전국학생투쟁위원회 집행국

2004년 ~ 2007년 산업체 병역 특례 요원

2007년 제17대 대선 정치실천단,

　　　　사회당 청년위원회 사무국장

2009년  기본소득네트워크(현 기본소득한국네트워크) 운영위원

2009년 ~ 2010년 사회당 기획위원장

2009년 ~ 2012년 사회당 기본소득위원장, 대외협력실장

2010년  서울 은평(을) 국회의원 보궐선거 금민 후보 선거운동
        본부 정책국장

2011년  결혼

2012년  딸 권도연 출생
        진보신당 전국위원, 비상임 정책위원,
        기본소득위원회(준) 위원장

2013년  알바연대 대변인, 진보신당 서울시당 대의원,
        진보신당 은평당협 운영위원
        6월 2일 급성 심장마비로 운명

# 차 례

## 추모집을 발간하며

고 권문석에 대한 기억들이 모여 작은 책으로 엮였다. 오준호 작가의 수고로 고인에 대한 추억과 일화, 떠난 사람에 대한 아쉬움이나 남은 사람의 다짐 같은 것들, 한 사회가 직면한 과제나 앞으로 가능한 세계에 비추어 볼 때 그가 행한 일들의 의미, 굳이 의미를 따질 필요도 없는 공감의 순간 같은 것들, 사람들에게 그가 남긴 다채로운 조각들, 이런 것이 일정한 형태와 틀을 갖추었다. 그리고 형태와 틀에 묶일 수 없는 기억들, 그래서는 안 될 것들은 그대로 이 책의 행간에 남겨졌다. 아마도 행간 속에서, 어쩌면 띄어쓰기를 위한 빈 공간 속에서도, 그를 알던 많은 사람은 이 책에 활자로 묶이지 않은 또 다른 기억들을 떠올릴 것이다.

추모하는 책을 낸다는 것은 이제는 자신의 목소리로 말하지 않게 된 어떤 이에게 그를 알던 다른 사람의 음성으로 발화하게 하는 것이다. 그럼에도 이 책에 실린 회고들은 그의 음성이 아니라 그를 알던 다른 이들의 음성이다. 인터뷰에 응한 사람들이나 책을 펴낸 작가는 이러한 일이 가지는 소중한 가치만큼 위험성도 충분히 알고 있다. 그럼에도 5주기에 맞춰 '사회운동가 고 권문석 추모사업회'가 이 책을 펴내는 이유는 그가 우리에게 남겨 둔 과제가 여전히 무겁더라도 이제 우리가 그를 무겁지 않게 기억할 만한 충분한 시간이 흘렀기 때문이다. 육신으로 만날 수 없는 어떤 사람에 대해 말로, 글로, 형태가 있는 언어로 회고한다는 것은 헤어짐의 한 방식이다. 이 책을 펴내면서 우리는 육신과 육신의 헤어짐을 확정한다. 하지만 이러한 방식의 헤어짐은 그와 우리가 함께했던 약속을 우리의 기억 속에 보존하게 한다.

우리가 이런 방식으로 그를 불러내고 우리의 기억에 남기며 그를 알지 못하는 많은 사람들, 이 책의 독자들에게 그의 삶을 방편으로 말을 거는 이유는 매우 분명하다. 그가 원했던 세상, 일자리가 있든 없든 누구에게나 충분한 소득이 부여되는 세상, 임금노동 일자리에 대해서 최소한의 인간다운 보상이 주어지는 세상, 모두가 동등한 구성원으로서 정치적, 사회적, 문화적으로 참여할 수 있는 실질적 조건이 보장되는 세상, 충분한 기본소득과 높은 최저임금은 그를 알든 모르든 해방된 세계의 표지가 될 수 있고, 그러한 세상을 향해서 그를 알든 모르든 함께 한 걸음씩 나아갈 수 있다고 생각하기 때문이다.

사회운동가 고 권문석 추모사업회 회장
금민

## 유가족 인사말

작년에 구교현 씨로부터 권문석 추모 5주기 기념 평전이 나올 것이라는 이야기를 들었습니다. 어려운 일을 떠안아 주신 오준호 작가님을 만나 문석에 관한 제 기억을 두서없이 전해 드렸지요. 오준호 작가님의 질문에 답하려고 오밤중에, 어머니가 고이 보관해 둔 문석이의 사진들, 상장들, 초등학교에서 고등학교에 이르는 성적 통지서를 뒤져보기도 했습니다.

저와 부모님의 기억들을 다 모아도 답변하기 어려운 질문이 있었습니다. 문석의 때 이른 사망 이후 언론 매체나 주변 사람들로부터 가장 많이 받은 질문이기도 했습니다. "어떻게 성장했기에 젊은 나이에 노동운동에 몰두하고 헌신할 수 있었느냐?" "어린 시절에도 사회적 이슈나 역사 등에 관심이 많았느냐?" 저는 이 질문에 답변할 수가 없었습니다. 문석은 제게 막내 동생이었고 부모님에게 소중한 유일한 아들이었거든요. 학생운동가, 노동운동가로서 문석의 삶은 가족이 이해하기 힘들었던 영역이었습니다. 저는 문석이 어떤 조직에서 어떤 일을 하는지 알고는 있었지만, 무슨 이유에선지 문석은 집에 오면 바깥일 이야기를 많이 하지 않았습니다. 저도 따로 더 물어보진 않았고요.

부모님은 늘 답답해 하셨고 아직도 어머니는 "문석인 왜 그런 일을 한 거냐?"라고 가끔 저에게 물어보십니다. 저는 "하고 싶으니까 했겠지"라던가 "문석이가 하던 일 좀 복잡해"라는 애매한 답변으로 대화를 끝내 버리곤 했습니다. 하지만 저도 그동안 많이 궁금했습니다. 집에서는 느긋하고 적당히 뺀질거리는 막내아들이던 문석이가 어떻게 그렇게 열정적으로 노동운동에 헌신할 수 있었는지 말입니다.

오준호 작가님의 초고를 읽고 난 후 제가 기억하는 문석의 삶과 노동운동가 권문석이 연결되는 느낌을 받았습니다. 오준호 작가님께서 운동가 권문석의 성실함과 집요함을 생생하게 잘 묘사해 주셔서 글을 읽는 동안 마치 문석이 제 머리 속에서 살아 움직이는 기분이 들었습니다. 딸 도연이 태어나기 몇 달 전에 문석은 저한테 사회운동을 하며 사는 게 힘들다고 토로한 적이 있습니다. 어려워도 실패해도 포기하지 않고 희망의 근거가 될 만한 새로운 일을 끊임없이 찾아 움직이던 문석은 사실 저희 부모님, 특히 어머니를 많이 닮았습니다.

사랑하는 아들을 잃은 슬픔을 겨우 감내하고 계신 부모님께 이 책이 큰 위로가 될 것입니다. 늘 아빠를 보고 싶어 하는 권도연이 훗날이 책을 읽고 아빠의 삶을 이해하고 자랑스러워 할 날이 오겠지요.

저희 부모님과 멀리 미국서 이민자로 사는 제 여동생을 대신해 오준호 작가님께 깊은 감사의 마음을 전합니다. 이 책의 출간을 기획해 주신 권문석추모사업회, 기꺼이 출판을 맡아 주신 박종철출판사에 진심을 담아 고마움을 전합니다. 권문석을 운동가로 만든 것은 그의 짜증도 열정도 다 이해해 주던 선후배 동지들이 있었기에 가능했습니다. 문석이의 희망을 계속 현실로 만들어 주신 알바연대/알바노조 관계자 여러분에게 저희 가족은 늘 고마운 마음뿐입니다. 강서희 씨는 운동가 권문석을 '사랑을 아는 사람'으로 만들어 주었고, 그가 세상을 떠난 후 권도연을 키우고 일하느라 바쁜 와중에도 알바상담소를 개설하여 알바연대/알바노조 사업을 다각화하고 확장시키는 데 크게 기여했습니다. 이 지면을 빌려 제 동생 문석에게 큰 사랑을 준 강서희 씨에게 마음 깊숙이 고맙다는 말을 전하고 싶습니다.

화양동 하숙집 착한 막내아들, 학생운동가, 기본소득과 알바노동자의 권리를 위한 노동운동가로 살았던 권문석의 육신은 사라지고 민족민주열사이자 『'알바생' 아니고 '알바노동자'입니다』의 주인공으로 그 형태가 남았습니다. 이 책에 기록된 문석의 삶이 이 땅의 노동자들에게 힘과 희망을 주기를 고대합니다.


2018년 봄

큰누나 권은혜

# 꿈을 현실로

처음 권문석을 만난 것은 1999년이었다. 성균관대학교 총학생회실 근처였는데 얼굴과 이름 정도를 소개받았다. 2년 뒤, 전국학생회협의회 회원이었던 나는 그를 다시 항공대학교 총학생회실에서 만났다. 가볍게 인사를 건넸다. 어느 해 여름, 울산에 살고 있는 선배를 만나러 갔다가 또 그를 만났다. 그때도 여전히 어색하게 인사를 나눴다. 그리고 한참 뒤 2007년 대선 무렵 다시 또 만났다. 우리는 그때도 인사만했다. 그렇게 10년을 인사만 하고 지내다가 가까이 만나기 시작했다.

권문석과 연애를 하고 결혼을 하고 아이를 낳으면서, 처음 해 보는 것이 많았다. 사회운동의 영역에 있었단 것 외에는 공통점이 거의 없었기 때문이다. 틈만 나면 영화나 공연을 보는 나와 달리 그는 집에서 운동 경기를 보는 것을 좋아했고, 약속 시간에 좀 늦을 수도 있다고 생각하는 나와 달리 그는 10분 일찍 약속 장소에 나오는 사람이었다. 빠르고 즉각적인 판단을 하는 나와 달리 그는 늘 신중하고 오랫동안 고민했다. 결혼하고 책장을 합칠 때 보니 내 책들은 분야와 장르가 다양했지만, 그의 책장에는 각종 행사 자료집과 회의 문서가 있었다. 나는 요리하기를 좋아했고, 그는 설거지를 기름기 하나 없이 꼼꼼하게 했다. 아이가 생기면서 그는 육아 서적을 통해 그 지식을 나열했다면, 나는 대강 읽고 그때그때 찾아보면서 대처했다. 삶의 방식은 달랐지만 싸운 적이 거의 없었고 같이 있으면 재미있었다. 만난 지 18개월 만에 결혼했고, 결혼한 지 18개월 만에 그는 세상을 떠났다.

아이가 태어나고 처음으로 벚꽃이 피었던 2013년 봄, 권문석과 나는 도연이를 안고 불광천을 걸으려다가 셋이 같이 사진을 찍었다. 그즈음 알바연대는 언론에서 주목하는 단체가 되었고 대변인이었던 그의 삶에도 봄이 찾아왔다. 그는 평일 저녁 종종 다른 단체에 강의를 하러 나갔고 주말에도 자주 출근했다. 집에 있으면 종종 기자들에게 전화가 왔다. 퇴근해서는 야구 중계를 틀어 두고 컴퓨터에 앉아 '알바연대', '아르바이트', '알바' 그리고 '알바생'을 검색하며 알바연대의 활동들이 얼마나 보도되었는지 모니터링을 했다. 기사 내용에 '알바생'이라고 쓴 기자가 있다면 '알바생'이 아니라 '아르바이트노동자' 혹은 '알바노동자'라고 바꿔 줄 것을 요청하는 메일을 보냈다.

이 책의 초고를 벚꽃이 필 무렵에 받았다. 책에 넣을 사진을 찾다가 2013년 봄에 찍은 벚꽃 사진을 발견했다. 출근길에 무슨 꽃구경이

냐며 지하철역 입구에서 찍은 도연이와의 첫 벚꽃 구경 사진이 우리 가족이 처음이자 마지막으로 한 꽃구경 사진이 되었다. 도연이는 아빠와 해 보지 못한 것들이 너무 많고, 그것을 아빠와 함께 활동했던 삼촌, 이모들과 함께하고 있다. 그리고 나는 내 삶에서 예상하지 못했던 지역 노동운동을 하고 있다.

2013년 6월 3일, 영결식에서 나는 "스무살 이후 한결같이 진보운동, 진보정당운동을 위해 일을 해 왔고 이제 물이 올라 한창 하고 싶었던 일이 많았던 그의 꿈을 여기 계시는 모든 분들이 하나씩 현실로 만들어 주셨으면 한다"는 이야기를 했다. 그가 떠난 지 5년이 되었다. 누군가에게는 짧은 시간일 수도 있고, 누군가에게는 긴 시간일 수도 있다. 알바상담소 소장으로 있으면서 가끔은 나도 그에게 묻고 싶은 것들이 많다. 하지만 우리는 안다. 남은 자들의 숙제라는 것을.

이 책을 집필하는 것을 흔쾌히 수락한 오준호 작가와 인터뷰에 응해 준 많은 분들과 5주년을 기념하여 이 책을 기획한 사회운동가 고 권문석 추모사업회에 감사의 인사를 드린다.

2018년 4월

강서희

# 제1부 권문석의 삶 ― 약전

# 프롤로그

권문석은 왜 최저임금을 1만원까지 끌어올려야 하는지 거의 세 시간을 쉬지 않고 이야기했다. 그 자리는 2013년 6월 1일 서울 가톨릭청년회관에서 열린 '최저임금 1만원 종일 특강'이었다. 문석은 참가자들에게 책 한 권 분량의 자료를 나눠 주고는 페이지를 넘겨 가며 설명했다. 설명을 마치고는, 최저임금 동결을 주장하는 경총(한국경영자총협회)의 논리를 반박하는 글을 써서 이메일로 보내라고 숙제를 냈다. 빨간 펜으로 공들여 첨삭해 주겠다면서.

자료는 두껍고 강사는 너무 많은 내용을 전달하려고 드니 참가자들은 좀 얼떨떨했다. 문석은 마음이 급했다. 그가 속한 단체 '알바연대'는 최저임금위원회가 열리는 6월에 한번 제대로 싸울 작정이었다. 활동가들부터 제대로 논리를 갖춰야 했다. 그동안 연구하고 조사한 내용을 탈탈 털어 넣은 강연을 끝내고 문석은 귀가했다. 아내와 10개월

된 아기를 먼저 재우고 지친 몸으로 소파에 누웠다. 그 다음 날인 6월 2일, 그는 깨어나지 못했다. 급성 심장마비.

2013년 1월 2일에 '비정규·불안정노동자와 함께하는 알바연대'('알바연대')가 출범했다. 알바연대는 최저임금을 시급 1만원으로 올리자고 주장했다. 2013년 최저시급 4,860원의 두 배도 넘는 액수였다. 이 급진적인 주장은 격렬한 환영과 반대를 동시에 부르며 이슈로 떠올랐다. 권문석은 알바연대 대변인이었다. '최저임금 1만원'이 필요한 이유와 정당한 근거에 대해 많은 글을 썼고 활동가들을 교육했다. 알바연대 활동이 세상의 주목을 받으면서 그도 점점 바빠졌다. 피로가 쌓였다. 점심을 먹고 나면 사무실에서 자주 졸았다. 가족의 눈에 그의 안색이 어두워 보였다. 하지만 문석은 쉬고 싶지 않았다. '될 것 같은' 운동으로 보였기 때문이었다.

문석과 알바연대는 실제 아르바이트노동의 현장에 찾아가 알바를 만나고 조직했다. 프랜차이즈 대기업 네 곳과 고용노동부를 "알바 5적"으로 지목하고 싸움을 걸었다. 알바연대가 알바노동자들의 열악한 현실을 폭로하며 대기업과 싸우자 언론이 귀를 기울였다. 언론의 관심은 권문석이 쉴 새 없이 써 보낸 보도 자료의 양에 비례해서 늘었다. 알바연대가 주도적으로 준비한 2013년 5월 1일 '제1회 알바데이'에는 기자와 카메라가 구름처럼 몰렸다. 대변인인 그는 쏟아지는 기자들의 질문에 정신없이 답했다. 신이 나 방방 뛰어다니는 그의 모습을 동료들은 기억한다.

문석은 또한 기본소득운동가였다. 대체 기본소득이 뭐냐고 묻는 사람이 대부분이던 시절부터 기본소득을 떠들고 다녔다. '기본소득한국네트워크'의 전신인 '기본소득네트워크'의 창립부터 같이하며 초

창기 사업의 실무를 거의 도맡았다. 기본소득을 주제로 한 국내·국제 행사를 수도 없이 치렀다. 두 권의 소책자를 발간했고, 민주노총 정책 연구원에서 낸 『1등만 기억하는 더러운 세상을 뒤엎어라』의 공저자로 참여했다. 자기가 단독 저자인 기본소득 책을 출간하기를 꿈꾸었다.

이제는 유명 정치인이 기본소득 공약을 제시하고 대통령이 '최저 임금 1만원'을 약속한다. 상전벽해다. 문석은 항상 남들이 현실성 없다고 손가락질하는 의제들을 가지고 사회운동을 만드는 데 헌신했다. 그 의제들이 빛을 보기 시작하는 지금, 그는 우리 곁에 없다.

그가 세상을 떠나고 벌써 5년이 흘렀다. 그를 기억하려는 이유는 그가 사회적으로 중요한 운동의 초석을 놓은 인물이라는 점 때문이기도 하지만 그의 삶이 가진 미덕이 지금 우리에게 충분히 고귀한 의미가 있기 때문이다.

그는 우직했으며, 부지런했고, 무대 위 빛나는 자리를 차지할 것이 아니어도 그 무대가 열리기까지 필요한 모든 일을 묵묵히 했다. 필요한 일인데 할 수 있는 사람이 없으면 자기가 그 일을 배워 어떻게든 했다. 그는 멋진 아이디어를 만나면 그걸 현실로 만들어 내는 역할을 자처했다. 뜬구름 잡는 논쟁보다 거리의 청년 한 명을 설득할 수 있는 구체적인 근거 찾기를 좋아했다. 그가 가고 나서 영정으로 쓰려고 사진을 찾았지만 그가 가운데 나와 있는 사진 한 장을 구하기 힘들었다. 그는 깃발을 들고 있거나 보도 자료를 나눠 주고 있거나 행사의 자질구레한 실무를 처리하느라 항상 바빴던 까닭이다. "세상을 움직이는 투명인간." 그의 동료였던 김성일 씨는 영결식 조사에서 문석을 그렇게 불렀다.

세상을 바꿔 더 나은 곳으로 만들자는 포부는, 조명 받지 못하는 곳에서 하루하루 할 일을 하는 끈기와 근성 없이는 현실에 실현될 수 없다. 권문석은 포부와 근성을 동시에 지닌 사회운동가였다. 그리고 만약 이 사회가 조금씩이라도 진보하고 있다면, 그건 권문석처럼 성실한 사회운동가들이 보이지 않는 곳에서 묵묵히 일하고 있기 때문이다. 권문석의 삶을 기억하는 건 오늘도 사회운동의 어느 현장, 사무실, 연구실에 있는 여러 '권문석들'을 생각하고 응원하는 것이기도 하다.

권문석이 외치던 "최저임금 1만원"과 "조건 없는 기본소득"은 더 이상 백일몽이 아니다. 이미 그것들은 현실에 성큼 다가왔다. 문석의 뜻을 이은 사람들이 힘을 함께 모은 덕분이다. 이제 힘을 조금만 더 내면 그 목표의 실현을 볼 수 있다. 그때 우리는 비로소 문석이 남기고 간 숙제를 마쳤다고 말할 수 있을 것이다.

# 1. 하숙집 막내아들

## 잘 울지 않는 아이

권문석은 1978년 2월 5일 서울 왕십리에서, 단칸방에 장롱도 없이 벽에 간이 선반을 달아 짐을 올리고 사는 가족의 막내아들로 태어났다. 목포 출신 아버지와 나주 출신 어머니는 각각 스물아홉 살과 스물다섯 살에 만나 결혼했다. 두 딸을 낳고 문석을 얻었다. 큰누나는 문석보다 다섯 살 위다.

"부모님은 문석이를 '복둥이'라 불렀어요." 큰누나 권은혜 씨의 말이다. 문석이 태어나고 집 형편이 차츰 나아졌다. 문석이 태어난 해, 문선공인 아버지는 『신아일보』에서 더 큰 회사인 『한국일보』로 옮겼다. 문선공文選工은 식자공植字工이라고도 하는데, 인쇄하기 전에 활자를 순서대로 틀에 짜 넣는 일을 한다. 1990년대 초까지도 문선공은 신문 제작과 출판업에 없어서는 안 되는 기술자였다. 또 1980년에 문석 가족은 성동구 화양동의 방 다섯 개짜리 이층 양옥집으로 이사했다. 전세였지만 단칸방에서는 벗어났다. 문석이 가져온 복이라고 부모님은 생각했다. 어머니는 문석을 애지중지했다.

생활력이 강한 어머니는 이사한 집에서 하숙을 경영하기 시작했다. 안방에는 부모님과 문석이 지내고 부엌에 딸린 작은방은 두 딸에게 주었으며, 나머지 방에 하숙생을 받았다. 이때부터 어머니는 30년 동안 하숙을 쳤다. 요리 솜씨가 좋았고 하숙생들에게 친절했다. 거실 식탁에 밥을 차려 두면 하숙생들이 들락날락하며 먹었다. 어머니는 하숙생들의 빨래를 일일이 개 주었고 원하면 도시락도 싸 줬다. 하숙생으로는 건국대, 세종대 학생들이 많았다. 문석에겐 어린 시절 내내 두 가지가 불만이었다. 자기 방이 없다는 것, 거실 소파에 앉아 텔레비전을 볼 수 없다는 것.

문석은 조용한 아이였다. 움직이는 걸 별로 안 좋아했다. 스포츠 중계는 좋아했다. 그냥 좋아한 정도가 아니었다. 큰누나 말에 따르면, "프로야구에서 시작해 야구 메이저리그, 축구 프리미어리그까지 히스토리를 다 꿰었다." 위성 전파를 받는 접시 모양 안테나가 이 집 저 집 달리던 때다. 안방 텔레비전은 늘 문석의 차지였다.

말을 배우는 데 좀 문제가 있었다. 말을 더듬었고 혀 짧은 소리를 냈다. 유치원에 가서도 말이 나아지지 않자 걱정한 어머니는 문석을 종로에 있는 발음 교정 학원에 보냈다. 학원에서 시키는 대로 문석은 전철에서 승객들에게 자기소개를 했다. 재미있었는지 집에 와서 그날 일을 가족들에게 들려줬다. 말 더듬는 것은 어느 정도 고쳤지만, 혀 짧은 발음은 구강 구조 때문이라 나아지지 않았다. 어머니가 수술을 받게 했으나 차이는 없었다. 'ㄹ' 발음과 'ㄴ' 발음이 잘 구분되지 않았다. 누나들이 놀렸지만 문석은 개의치 않았다.

문석은 좀처럼 화를 내거나 울지 않았다. 사촌들과 야구 놀이를 하다가 사촌이 배트 대신 휘두른 부삽에 뒤통수를 맞았다. 상처가 제법 커서 피가 흐르는데 표정 변화가 없었다. 초등학교 5학년 때 문석은 고등학생인 누나를 따라 눈썰매장에 갔다가 넘어져 얼굴을 다쳤다. 엑스레이를 찍어 보더니 의사는 광대뼈가 계란 껍질 깨진 것처럼 깨졌다고 했다. 철사로 뼛조각을 엮는 수술을 한 직후에도 문석은 크게 괴로워하는 기색이 없었다. 문석에게는 어릴 때부터 아토피가 있었고, 청소년기에는 속옷 등 부분에 핏자국이 잔뜩 묻을 만큼 심했다. 가려워서 짜증이 날 만한데도 식구들에게 크게 티를 내지 않았다.

## '말문석'이라 놀림 당하다

문석이 살던 화양동은 건국대와 가까워 1980년대에는 매캐한 최루탄 냄새가 가시지 않았다. 어린 문석이 그런 분위기의 영향을 받았는지는 알 수 없다. 하숙생 중에 학생운동권이 있었는지는 모르지만, 수학 문제 풀이를 봐준 형은 있었다. 문석은 대학에 가서 선배들을 잘 따랐는데, 어디까지나 추측이지만 하숙생 형들하고 잘 어울리다 보니 그렇게 된 것인지도 모른다.

화양초등학교를 졸업하고 경수중학교에 진학할 때 문석은 교장 선생님 앞에서 입학생을 대표해 선서를 하여 어머니를 기쁘게 했다. 이른바 '배치 고사'에서 일등을 차지한 덕분이었다. 어머니는 전교생 앞에 나서는 아들을 멋쟁이로 보이게 하려고 조다쉬 청바지와 아디다스 잠바를 사 입혔다.

중학교 졸업 후 문석은 가까운 자양고등학교에 진학했다. 고1인 1993년에 아버지가 실직했다. 1980년대 말부터 도입된 CTS(컴퓨터 조판 시스템)가 점차 문선공 일자리를 밀어냈다. 기술이 옛 노동 방식을 대체했고 새 일자리는 전문교육을 받은 사람으로 채워졌다. 아버지는 새로운 방식에 적응하지 못했고, 그 대신 꽤 넉넉한 퇴직금을 받고 회사를 나왔다. 어머니는 퇴직금에 돈을 보태 좀 더 큰 집으로 이사했다. 이사한 집에서도 하숙을 쳤는데, 이때 문석은 자기 방을 갖게 됐다. 하숙생이 늘면 다시 방을 내주고 안방에서 지내야 했지만.

공부는 못하지 않았지만 '범생이' 스타일은 아니었고, 방황하며 부모 애 먹이는 '반항아' 스타일도 아니었다. 록 밴드 '너바나', 김건모, 그리고 신해철이 이끈 밴드 '넥스트'를 좋아했고, 여전히 스포츠 중계 보는 걸 즐겼다. 문석은 스포츠 평론가가 되고 싶었다. 2학년 때

1993년 자양고등학교 1학년 시절 경주로 떠난 수학여행에서 친구들과 함께. 제일 오른쪽에 서서 주머니에 손을 넣고 있는 사람이 권문석.

같은 반에서 만난 후 20년을 친구로 지낸 엄민 씨는 고등학교 때 문석이 이미 아마추어 스포츠 평론가였다고 회상한다. "메이저리그를 보더라도 문석이는 가령 뉴욕 메츠는 누가 잘 치는지, 다저스 투수 누구는 어떤 투구 스타일인지, 어느 한 팀만이 아니라 두루두루 다 알았다."

말을 더듬는 버릇은 꽤 고쳤다가 고등학교 때 잠깐 재발했다. 수업 시간에 교사가 문석에게 교과서의 어떤 부분을 읽으라고 시켰다. 더듬지 않으려고 한 호흡 쉰 다음 입을 떼려는 순간, 교사가 빨리 읽으라며 문석을 채근했다. 당황한 문석은 말문이 막혔다. 교사는 "왜 그래? 말문이 막혔어?"하고 계속 채근했고 결국 문석은 한 글자도 못 읽었다. 다시 말을 더듬게 됐다. 그 일이 있고 말 더듬는 일을 다시 고치기까지 시간이 걸렸다. 한동안 문석의 별명은 '말문석'이었다.

학교와 독서실을 오가는 평범한 고교 시절을 보내던 문석은 하필

반장이었던 고3 때 친구들과 올림픽공원 정문에서. 제일 오른쪽이 권문석.

이면 고등학교 3학년 때 학급 반장을 했다. 앞에 잘 나서지 않는 문석의 성격을 아는 큰누나가 "고3인데 공부나 하지 왜 한다고 했냐?" 물었지만 문석은 별다른 대꾸를 하지 않았다. 반 친구들이 문석을 반장으로 민 것이었다. 말이 어눌했음에도 불구하고 성실하고 착하다고 인정을 받았던 모양이다. 고교 마지막 해에 문석은 수험 준비에 반장 일까지 하느라 바빴다.

　문석은 영어가 약했다. 어머니는 한국외대 영문과 91학번인 큰누나에게 문석의 공부를 봐주라고 했다. 권은혜 씨는 어머니가 시키는 대로 문석의 고등학교 시절 내내 영어 과외 선생 노릇을 했다. 일주일에 서너 번씩 밤에 문석을 앉혀 놓고 독해를 시켰다. 자기 공부도 바쁘다 보니 권은혜 씨는 문석이에게 지문을 해석하라고 해 놓고 종종 졸았다. "누나는 맨날 잔다"고 문석이 투덜댔다. 하지만 영어 성적은 많이 올랐다.

문석은 수시 지원으로 성균관대학교 인문학부에 합격했다. 수시에 붙으면서 일찌감치 수험생 생활에서 탈출했다. 놀다가 지겨워 새벽세차 아르바이트를 시작했으나 늦잠을 자 사흘 만에 잘렸다. 후일 '알바노동자운동'을 하게 되지만, 이 세차 일이 문석이 평생 처음이자 마지막으로 해 본 아르바이트였다.

## 2. 세상에 눈 뜨다

### 과 선전편집부장이 되다

문석이 입학한 1996년에 성균관대에 학부제가 시행됐다. 인문학부로 모집된 96학번 신입생은 1년간 학부에 머물다가 2학년 때부터 문헌정보학과, 사학과, 철학과 등의 전공을 택해야 했다. 하지만 학교생활에 도움을 주기 위해 학부를 분반하여 각 전공 학생회별로 신입생을 배치했다. 예를 들어 사학 전공 학생회에 배정된 신입생들은 1년간 주로 사학과 선배와 교류하며 학교생활을 하다가 그 뒤에는 사학과로 진학하든지 아니면 다른 과로 진학하게 된다. 문석은 인문학부로 입학한 다음 문헌정보학 전공 학생회 소속 반으로 배치됐고, 1년 뒤에는 전공도 문헌정보학으로 정해 문헌정보학과로 진학했다.

성균관대 문헌정보학과는 1980년대에 학생운동권을 많이 배출했고 1990년대에도 학생회가 활발했다. 학번이 높은 선배들이 과에 찾아와 후배들을 챙기는 문화가 있었다. 선배들은 새내기들에게 완전히 낯선 주제인 도시에서의 강제 철거나 노동운동에 대해 진지하게 이야기했다. 성대에는 과 사무실('과방')마다 김귀정 열사의 사진이 걸려 있었다. 성대 불문과 88학번으로 1991년에 시위에 참가했다가 경찰의 강

1996년 2월 성균관대학교 문과대 새내기 배움터에 참여한 권문석(왼쪽에서 첫 번째).

경 진압으로 사망한 사람이었다. 이른바 운동권 문화, 다르게 말하면 사회비판적인 공동체 문화가 1990년대 중반까지도 성대에 많이 남아 있었다.

문헌정보학과 신입생 환영회에서는 매년 신입생 한 사람씩은 술에 취해 쓰러지곤 했는데, 그해에는 권문석이 그랬다. 중국집에서 선배들이 주는 술을 다 받아 마시고 안주로 나온 짬뽕 국물을 벌컥벌컥 들이켰다. 만취한 문석은 결국 집에 가지 못하고 선배 집에 쓰러져 잤다.

입학하고 얼마 지나지 않아 문석은 과 학생회 선전편집부에 들어갔다. 문헌정보학과 학생회는 문화부·사회부·선전편집부·학술부·총무부 등의 집행부를 두었고 선배들은 새내기들에게 밥도 사주고 술도 사 줘 가며 집행부로 끌어들였다. 학생회 활동에 관심이 있는 새내기는 자발적으로 들어오기도 했다. 선전편집부는 정기적으로 과

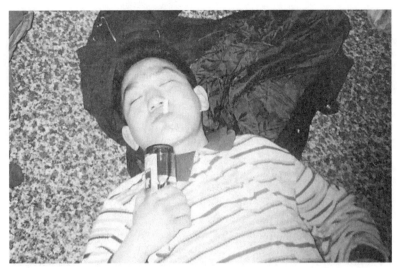

권문석이 1997년 4월 성균관대학교 문헌정보학과 학회 엠티에 참여해 새우깡을 물고 소주를 들고 누워 우스꽝스러운 포즈를 취하고 있다.

소식지를 제작했다. 소식지 이름은 "달넘세"였다. 달넘세의 뜻은 이렇게 소개하고 있다.

> 달넘세는 흔히 달람세라고도 하는데, 경북 영덕 지방에서 하는 여인네들의 놀이 월어리청청의 한 대목으로, 손을 잡고 빙 둘러앉아 하나씩 넘어가면서 달넘세라는 노래를 부른다. 달을 넘어가자는 뜻의 달넘세는 어려움을 극복하는 일을 상징한다고.
> ─『달넘세』제29호(1998년 4월)

1996년 문헌정보학과 선전편집부장 김영숙 씨는 새로 가입한 새내기는 문석을 포함해 세 명 정도였다고 기억한다. 감출 수 없는 혀 짧은 발음 때문에 권문석이 자기를 소개하면 '권문덕'으로 들렸다. 금세 그의 별명은 '문덕이'가 됐다. 그래도 문석은 선배들이 좋았다. 김영

1997년 여름 대천해수욕장으로 엠티를 떠난 성균관대학교 문헌정보학과 선전편집부원들(오른쪽에서 두 번째가 권문석).

숙 씨는 "선배들이 '문덕아' 하고 놀려도 헤헤 웃기만 하는 착한 후배였다"라고 말한다. 문석에게는, 선배들과 회의나 세미나를 할 때 선배가 앞서 한 말을 한 번 따라하고 자기 생각을 덧붙이는 버릇이 있었다. 자기 견해를 강하게 제시하는 경우는 별로 없었고 혹 무슨 의견을 내다가도 다른 사람이 문제를 지적하면 "아니 난 뭐" "뭐 그냥 그렇다는 거지" 하며 금방 물러섰다. 선배들의 눈에 문석은 그리 두드러지는 새내기는 아니었다.

선전편집부에서 소식지를 만드는 과정은 기획 회의를 하고 글을 청탁하고 글을 받아 편집해 학교 가까운 복사 가게에서 제본해 과 학생회실에 가져다 놓으면 끝난다. 그러면 오가면서 한 부씩 가져갔다. 부원들은 각자 글을 맡아 쓰거나, 청탁한 글이 펑크 나면 대신 써야 한다. 부원이 적으니 문석이 써야 하는 글도 꽤 많았을 것이다. 문석은 "필요한 글을 뚝딱뚝딱 잘 써 냈다."

같이 집행부에 들어온 동기들이 이런저런 사정으로 빠져나갔지만 문석은 선전편집부에 계속 남았고, 1997년 여름에는 선전편집부 부장이 된다. 1998년 새내기 맞이 기간에 문석은 선전편집부를 이렇게 소개한다. "학내외 사안을 객관적, 진보적 시각으로 전달하며 진실한 목소리를 담아내는 선전/과 매체 발간을 통해 올바른 세계관 형성과 학생회 강화에 도움을 주며 대안 언론의 역할을 담당한다." "올바른 세계관 형성"이라는 목표가 사뭇 거창하다.

그보다는 부장인 그가 발간한 『달넘세』 제29호(1998년 1학기 개강호) 마지막에 남긴 편집후기가 재미있다. 자기의 혀 짧은 발음을 농담거리로 삼는 여유도 보인다.

으앙아아아! 드디어 모두 편집증에 히스테디(히스테리), 서스펜스, 드일여(드릴러)적인 광기로 가고 있는 선편부원들을 보고 있다. 3년째 보는 것이지만 언제나 두려운 일이다. 달넘세 속에서 희망을 느끼며 살아가는 나 자신을 보면서 사람이라는 것이 얼마나 작은 것에 감동하는지를 배웠다. 후배들도 그 기쁨을 느끼길 바란다. 작은 것에 대한 사랑이 세상을 바꾸는 가장 큰 힘이라는 것을 다시 새삼 느낀다. 내 후배들, 동기들 모두 열심히 하기 바란다. 우리 모두 파이팅!
문석.

## 학생운동을 시작하다

학생운동은 1990년대에도 상당한 영향력을 지니고는 있었으나 확실히 전보다 힘이 빠졌다. 학생 사회에서 학생회의 위상은 아직 컸지만 학생들의 참여나 결속력은 눈에 띄게 줄었다. 거기에는 학부제의

1998년 4월 권문석이 편집부원으로 참여하여 발간한 성균관대 인문대학 문헌정보학전공 학생회 소식지 『달넘세』 제29호 표지.

시행도 한몫했다. 학기 초 몇 달이 지나면 새내기들은 도서관이나 강의실에서 주로 시간을 보내는 무리와 과방에서 주로 시간을 보내는 무리로 나뉘었다. 문석은 물론 과방에 모인 쪽이었다.

학생운동은 1995년에 "5·18 특별법 제정"과 "광주 학살 주범 전두환·노태우 처벌"이라는 요구를 내걸고 대규모 투쟁을 조직했고, 특별법 제정과 두 전직 대통령의 구속이 이뤄지자 승리감을 맛보았다. 자신감을 얻은 학생운동 세력은 1996년에 정권과 또 한 번 크게 맞붙었다.

1993년에 출범한 김영삼 정권은 '문민 개혁'으로 한때 지지율을 80% 넘게 끌어올렸다가, 연이은 대형 참사와 대선 자금 문제로 인해 그 지지율을 다 날려 버렸다. 대선 자금 문제란, 김영삼 대통령이 후보 시절 전 정권인 노태우 정권으로부터 불법적인 자금을 받았다는 의혹이었다. 또한 1990년대 들어 대학 등록금이 거의 두 배 가까이 뛰어 대학생과 그 부모의 허리가 부러지기 직전이었다. 김영삼 대통령의 후보 시절 공약인 "교육재정 GDP 5% 확보"를 지키라는 대학가의 목소리가 높았다.

1996년 3월 29일, 대선 자금 공개와 교육재정 확보를 요구하는 서울지역총학생회연합('서총련') 집회가 열렸다. 경찰은 최루탄을 쏘며 토끼몰이 식 진압 작전을 펼쳤고, 이 과정에서 연세대학교 2학년 학생

노수석이 심장마비로 사망했다. 평화 시위를 벌이던 대학생을 죽음에 몰아넣은 사건은 대학가를 격분시켰다. 진상 규명과 책임자 처벌을 요구하는 시위가 잇달았다. 각 대학 총학생회는 '노수석 열사'의 영정과 제단을 캠퍼스에 설치했다. 같은 학번으로 뒤에 문석과 함께 성대 총학생회 집행부에서 일한 김보영 씨는 1996년 초를 이렇게 기억한다. "노수석 열사 죽고 노제할 때 성대에서 정말 많이 나갔다. 우리 과 알오티시(학군단) 선배들까지 가방 들고 도로변에 서 있었다. 96학번이 그런 분위기의 영향을 많이 받았다."

문석도 거리시위에 나서며 학생운동에 조금씩 발을 들여놓았다. 학교생활에 바쁘다면서 무슨 일을 하는지 집에 이야기를 하지 않으니, 부모님은 궁금하고 걱정도 됐다. 큰누나 권은혜 씨는 자기도 학생회 일을 해 본 경험이 있어서 문석이 학생운동에 관심을 가지고 있다는 것을 알아차렸다. "말려야 한다고 생각하지는 않았다. 다만 무엇이든 하나에 빠지면 몰입하는 문석이 성격을 알기에 앉혀 놓고 충고했다. '운동하는 건 좋지만, 고생하는 엄마 아빠도 생각해라. 최소한의 학점은 유지해라.'" 그러나 문석은 큰누나 걱정대로 이미 자기가 하는 일에 꽤 몰두하고 있었다.

문석이 학생운동을 하게 된 결정적인 하나의 계기를 찾기는 어렵다. 하지만 20대 초반 문석이 어떤 마음이었는지 들여 볼 수 있는 대목이 있다.

우리가 할 수 있는 일부터 시작하자. 그리고 긴 안목으로 보자. 역사가 민중에게 고통일지라도 언젠가는 승리를 안겨 줄 것이라는 희망을 잃지 말자. 고통뿐인 상황에서 희망마저 잃어버린다면 우리가 버틸 곳은 아무 데도 없다. 이 사회의 작은 모순점에서 문제

점을 발견해 내고 힘을 모아 그것을 바꾸는 우리들의 작은 행동이
역사의 밑거름이 될 것이다.
—『달넘세』제29호(1998년 4월)에 실린 권문석의 글에서


문석이가 무얼 하고 다니는지 부모님이 알기까지 오래 걸리지 않
았다. 1996년 8월 중순에 문석이 다쳐 병원에 있다고 연락이 왔다. 부
모님은 깜짝 놀랐고, 큰누나가 문석을 찾아 병원 응급실에 가 보니 시
위에 나갔다가 뒤통수를 크게 다쳐 여러 바늘 꿰맸다고 했다. 큰누나
는 의아해서 물었다. "시위 나가 전경에게 맞았다면 다쳐도 앞을 다쳐
야지 어쩌다 뒤통수를 다쳤니?" 문석은 창피한 듯 조용히 털어놓았다.
뒤에서 사수대가 던진 돌에 맞았다고. 자기편의 실수로 다쳤다는 것이
다. 큰누나는 어이가 없었지만, 문석은 그럴 수도 있는 거 아니냐는 듯
담담한 표정이었다.

문석이 참가했다가 다친 시위는 당시 학생운동의 세력 구도와도
관계가 있다. 학생운동 주류인 한국대학총학생회연합('한총련')은 민
족해방 · 통일운동 노선, 이른바 '엔엘NL'이었다. 한총련의 노선을 비
판하고 노동운동 · 민중운동과의 연대를 강조한 측은 스스로를 '좌파'
라 불렀다. 좌파 학생운동에는 여러 정파가 있었는데, 반자본주의와
혁명적 대중조직 노선을 내건 전국학생연대('전학련')도 그 하나였
다. '혁명적 대중조직 노선'이란 학생회 등 대중조직을 진보적으로 강
화해야 한다는 노선을 말한다.

한총련은 8 · 15통일대축전 행사를 연세대에서 벌이려다 이를 막
는 경찰과 크게 충돌했다. 경찰은 행사 참가자 전원 연행 방침을 세우
고 연세대를 봉쇄했다. 경찰은 한총련 학생들이 농성 중인 대학 건물
에 헬기로 최루액을 비처럼 뿌리며 진압 작전을 펼쳤다. 단일 사건으

로는 최대 인원인 5천8백여 명이 연행됐다. 전학련은 한총련이 연세대 집회를 여는 동안 서강대에서 '국가보안법 철폐'를 내건 별도의 집회를 열고 있었다. 하지만 연세대 상황이 긴박하게 돌아가자 전학련 활동가와 집회 참가자들은 "한총련 학우들을 구출하자"라며 신촌네거리로 진출했다. 시위대는 경찰에 가로막히자 돌을 던지며 싸웠다. 문석은 이 시위대에 끼어 있다가 다친 듯하다.

본격적으로 운동권이 되려고 하는 청년들은 자연스럽게 학내 운동 조직에 가입했던 때였다. 문석은 전학련의 지부인 성균관대 학생연대에 가입했고, 거기서 운영하는 학습 팀에도 들어갔다.

친구 엄민은 군대에 갔다가 1998년 가을에 휴가를 나와 문석과 만났다. 둘은 성대 캠퍼스에 앉아 치즈를 안주로 소주 한 병을 나눠 마셨다. 엄민 씨는 그때 처음으로 문석이 운동권이 됐다고 느꼈다. "문석이가 학생운동의 역사를 막 이야기했다. 그 전까지 문석이가 운동할 거라 생각 못했는데 그때는 진지해 보였다. 얘가 구체적으로 뭔가를 하는구나."

## 3. 학생운동에 20대를 걸다

### 총학생회 정책국장으로 활동하다

정당들이 대통령 선거에 후보를 내듯 학내 운동 조직들도 학생회 선거에 각기 후보를 내 경쟁했다. 문석이 3학년이던 1998년 늦가을 총학생회 선거에 성균관대 학생연대의 '자유대학' 선거운동본부('선본')가 바람을 일으키며 상대적 약세를 뒤엎고 당선됐다. (성균관대 문과 계열은 서울 명륜캠퍼스에, 이과 계열은 수원 율전캠퍼스에 있다. 성대 총학생회 선거에 출마하려면 명륜캠퍼스와 율전캠퍼스의 공동 선본을 꾸리고 각 캠퍼스에 총학생회장과 부학생회장 후보를 출마시켜야 한다. 두 캠퍼스에서 얻은 표를 합산해 최종 당선자를 가리며, 당선된 선본은 명륜과 율전 각각에 총학생회를 둔다).

문석은 이때 '자유대학' 선본의 선거운동을 열심히 했다. 이듬해인 1999년에는 명륜캠퍼스 총학생회 집행부에 들어가 정책국장을 맡았다. 총학생회 활동에 필요한 글을 쓰고 문서를 만들고 자료집을 제작했다. 새내기 오리엔테이션이나 농활에 필요한 자료집, 학내외 이슈에 대해 내는 총학생회 논평 등이 문석에게서 나왔다. 집행부를 같이 한 동료들은 공통적으로 총학생회실 컴퓨터 앞에 앉아 자판을 두드리는 문석의 '뒷모습'을 기억한다.

총학생회장단은 단과대 학생회장들과 매주 한 차례 운영위원회를 여는데, 문석이 회의 문서를 만들었다. 그해 운영위원회 회의 문서는 예년보다 깔끔하고 체계적이라는 평가를 받았다. 반면 문석이 운영위원회에서 직접 문서를 발제할 때는 "어, 거 뭐냐……"를 되풀이하는 말버릇이 사람들을 좀 답답하게 했다.

정책국장으로서의 능력은 대학 본부를 상대로 하는 '교육 투쟁'에서 돋보였다. 민주 총장 선출, 재단 이월 적립금 처리, 등록금 인상 저지 등 복잡한 이슈에 관해 문석은 총학생회의 요구를 논리 정연하게 제시했다. 교육 투쟁은 대학 본부와 구체적인 금액과 수치를 따지며 싸워야 해서 운동권들이 상대적으로 자신 없어 하는 주제다. 1999년 율전 부총학생회장을 지낸 이형진 씨는 문석이 "교육 투쟁 문제와 관련해 정책국장답게 자료를 분석하고 정책을 만들어 내는 것이 참 인상적이었다"라고 말한다.

밤에 긴 회의나 뒤풀이가 있어도 문석은 그 다음 날 아침 9시 전에 총학생회실 문을 열고 들어왔다. 저녁에는 특별한 일이 없으면 일찍 '퇴근'했다. 1999년 명륜 부총학생회장 고유미 씨는 문석이 "총학생회실로 출퇴근하는 직장인 느낌"이었다고 회상한다. 다 그런 것은 아니지만 많은 운동권 학생의 생활이 들쭉날쭉한 데 비해, 문석은 참 규칙적이었다. 어지간하면 집에 가서 어머니가 차려 준 밥 먹는 것을 좋아했다. 옷도 주로 어머니가 사 준 옷을 입고 다녔다. 총학생회장 손종호 씨는 그런 문석을 "부잣집 아들내미 같다"라며 놀렸다. 놀리면 투덜거리면서도 문석은 한 살 많은 총학생회장을 잘 따랐다. 집행부 다른 동료들이 총학생회장 흉을 보면 문석이 나서서 "우리 회장님이 알고 보면……" 하면서 감싸 주었다. 회장의 권위를 존중하고 그를 잘 돕는 것이 집행부의 자세라고 생각한 듯하다.

문석은 업무를 펑크 내거나 시간을 못 맞추는 일을 싫어했다. 고유미 씨는 "그가 맡은 일은 그가 아니면 아무도 할 수 없는 것이었다"라며 "나나 종호가 써서 줘야 하는 글을 안 쓰고 있으면 그때는 화를 내고 재촉했다"라고 한다. 자기가 맡은 일을 묵묵히 해내는 한, 그런 사람에게 많은 관심이 돌아가는 경우는 적다. 그래서 문석의 동료들은 그에 대해 별로 '강렬한 기억'이 없다. 문석은 전체 속에 자연스럽게 자기 자리를 차지하고 변함없이 거기 있는 사람이었다.

1999년 말 총학생회 선거에 문석은 부총학생회장 후보로 출마했다. "꼬뮤나르드" 선본. "꼬뮤나르드"는 '꼬뮌을 위해 싸우는 사람들'이라는 뜻이다. 총학생회장 후보는 당시 총학생회 사무국장인 94학번 김상도 씨였다. 문석이 후보가 된 것은 성실함과 투철함을 동료들이 인정했다는 뜻이다. 그해 총학생회를 운영한 '여당' 후보이므로 평가받는 위치가 된다는 점은 불리했다. 문석의 동료들은 그의 어눌한 말버릇을 고치려고 아나운서 발음 연습 테이프까지 사다 연습시켰다. 선

거운동 분위기가 좋아 당선을 바라보았으나 결과는 낙선이었다.

문석이 총학생회 집행부로 일하던 해에 학생운동 세력 구도에 변화가 일어난다. 한총련과 별도로 '좌파' 학생회 연합체를 만들겠다며 전국학생회협의회('전학협')가 등장했다. 전학협의 등장은 한총련이 형식적이나마 학생운동의 대표로 인정되던 시대가 끝났음을 뜻했다. 성대, 서강대, 이화

1999년 권문석이 꼬뮤나르드 선본 부총학생회장 후보로 출마했던 제32대 성균관대학교 총학생회 선거 포스터.

여대 등 여러 대학에서 전국학생연대 계열이라고 할 만한 총학생회장들이 당선되자 이들이 모여 전학협을 결성했고, 전국학생연대는 해산했다. 성대 총학생회는 규모나 운동 역량에서 전학협 출범의 주축 구실을 했다.

### 학사 경고를 받고 제적당하다

총학생회 집행부로 일하고 선거에 출마하면서 문석은 수업에 제대로 들어가지 못했다. 성적은 고장 난 인공위성처럼 곤두박질쳤다. 결국 4학년 1학기와 2학기 연속해서 학사 경고를 받았다. 집행부로 일

하면서 수업에 잘 들어간 동료도 있었다. 또한 아직 상대평가 제도가 일반적이지 않아 출석 잘하고 시험만 봐도 학점은 어지간히 받던 시대였다. 성적이 떨어진 데에는 하나에 몰두하면 다른 것을 못 보는 문석의 성격이 한몫했다.

2000년에 문석은 전학협 계열 학생운동의 성대 명륜캠퍼스 책임자가 된다. 문석의 후배인 97학번들이 활동의 중심에 있었고, 문석은 그들을 통솔해야 하는 위치였다. 당시 운동 조직은 기본적으로 선배 활동가가 후배 활동가를 이끄는 구조였다. 물론 선후배 사이에 논쟁도 벌어지고, 후배가 선배의 지침을 거부하기도 하고 때론 주먹도 오가는 등, 일방적인 지시와 복종의 관계라고는 할 수 없다. 운동가로서 성실한 문석은 후배의 존경을 받았던 것 같다. 하지만 카리스마하고는 거리가 멀다 보니 그가 후배들을 힘 있게 이끌지는 못했다.

2000년에 성대 운동권은 학생 자치권을 무시하는 대학 본부와 크게 충돌했다. 점거, 심지어 분신 시도까지 하며 싸웠지만 학내 여론이 나빠지면서 운동권은 대학 본부에 패배했다. 문석도 이 싸움에 동참했다. 다시 수업은 뒷전이었고, 2000년 말에 끝내 세 학기 학사 경고, 이른바 '스리 고'를 받았다. 제적이었다. 학적을 다시 살리려면 재입학 절차를 거쳐야 했다. 큰누나는 문석이 세 번째 학사 경고를 받게 됐다는 사실을 알고 문석을 붙잡고 단단히 일렀다. "학교에서 제적 통지서 날아오면 부모님 기절하실 테니, 차라리 네가 먼저 부모님께 상황을 말씀드려라." 문석은 그러겠다고 했다.

하지만 문석은 약속을 안 지켰고, 제적 통지서를 받은 어머니는 놀라 넘어갔다. 어머니가 큰누나에게 '이게 뭐냐 제적이 뭐냐'고 하자, 큰누나는 문석을 불렀다. 부모님, 큰누나, 문석이 한 자리에 모였다. 큰누나가 속이 상해 문석에게 야단을 쳤다. "학생운동도 학생운동이지만

권문석은 2000년 2월에 부모님을 모시고 '졸업 사진'을 찍는다. 하지만 실제 졸업은 우여곡절 끝에 입학 15년 만인 2011년에 하게 된다.

수업 절반만 들어가도 학사 경고는 피할 텐데 이게 뭐냐, 너는 왜 이런 기본적인 일도 제대로 못하느냐?" 그러자 문석은 큰누나에게 버럭 화를 냈다. "누나만은 나를 이해할 줄 알았는데, 나를 감싸 주진 못할망정 어떻게 이럴 수 있어?" 학생운동을 경험한 누나마저 자기를 질타하는 것이 문석은 못내 야속했던 모양이다. 큰누나도 동생이 적반하장으로 성질을 부리니 더 화가 났다. 한동안 둘 사이가 냉랭했다.

　문석은 곧 다시 학적을 살렸고 학점도 채웠다. 하지만 졸업은 한없이 미뤄졌는데, 성균관대가 졸업 자격으로 외국어 성적을 요구했기 때문이다. 토익 점수 기준점을 넘기면 되지만, 문석은 활동하느라 바쁘고 영어 공부를 좋아하지도 않아 점수를 획득하지 못했다. 영어 대신 한문 시험을 준비하기도 했으나 역시 점수를 못 땄다. 2011년에 대학에서 '장기 미졸업자들'을 일괄 처리하면서 외국어 점수 제출을 생략하고 졸업장을 주었다. 그렇게 문석은 입학 15년 만에 졸업하게 된다.

전학협, 그의 20대

4년제 대학의 '5학년', '6학년'이라면 이상하게 들리겠지만, 운동권 학생들에게는 대학을 5년, 6년 다니는 것이 낯설지 않다. 남자의 경우, 학생운동 하느라 졸업 못하고 군대를 미루면 5학년, 6학년이 된다. 그 정도 나이가 찬 운동권은 운동 대신 다른 진로를 찾거나 아니면 학생운동 전국 조직의 중앙으로 간다. 2001년에 문석은 전학협 3기 집행부에 들어간다. 학생운동 전국 조직에서 일하기 위해서다. 3기 집행부는 10여 명으로, 96학번 대다수와 일부 97학번으로 구성됐다.

3기 전학협 의장이 한국항공대 총학생회장이라, 전학협 집행부는 항공대에 사무실을 두었다. 집행부를 '결의'한 사람들이 각자 맡고 싶은 역할을 말하는 자리에서, 문석은 역시나 정책국장을 하겠다고 나섰다. 다른 자리에 비해 경쟁이 없어서 원하는 대로 정책국장이 됐다. 문석은 전학협의 논평, 정책 문서, 유인물, 자료집 등을 쓰고 제작했다. 문석은 '디테일'을 중시했다. 정부를 비판하든 조직 과제를 제시하든 '왜 그러한지' 설득하는 구체적 근거를 갖추어야 한다고 생각했다. 2001년에 전학협 집행위원장을 한 문성호 씨는 이렇게 말한다. "운동권 중에 총론에 강한 사람은 많다. 세계 자본주의 위기가 어쩌고 하는 총론은 오히려 쓰기 쉽다. 문석이는 각론에 강했다. 통계 자료 뒤져 가면서 주장의 세세한 근거를 마련하려고 노력했다."

그해 전학협 집행부는 재정도, 인력도 부족했다. 심지어 집행부 중 일부가 대우자동차 정리해고 반대 투쟁에 연대하다가 경찰 수배를 당했다. 상황은 열악하고 일은 많았다. 문석의 투덜거리는 버릇이 심해졌다. 집행국은 항공대 학생 식당에서 끼니를 주로 해결했고, 문석은 밥이 맛이 없다고 늘 구시렁거렸다.

하지만 한편으로 그는 동료들을 세심하게 챙겼다. 집행부를 같이 한 우지연 씨는 문석을 이렇게 기억한다. "사람을 편하게 해 주는 캐릭터였다. 막내로 자라서 그런지 남들에게 스스럼없이 말을 걸어 왔고, 묵묵하게 주변을 잘 챙겼다." 역시 그때 집행부였던 염창근 씨는 이렇게 회상한다. "나는 조직국이라 밖에서 일하다 들어오면 문석이가 집행부원들과 게임을 하느라 키보드를 두드리고 있더라. 그러다가 또 장문의 정책 안건을 써서 설명하곤 했다." 수배 중이라 사무실 밖을 나가기 힘든 집행부원들이 심심할까 봐 문석이 그들과 놀아 준 것일 게다. 일과가 끝나면 집에 가서 쉬는 것을 좋아한 문석이 일부러 남아서 놀았다니 말이다. 한번은 문석이 지친 것 같다고 느낀 문성호 씨가 그에게 같이 영화를 보러 가자고 했다. 마음먹고 보러 간 영화는 《성냥팔이 소녀의 재림》이었다.

1년간 전학협 집행부로 활동한 문석과 동료들은 2002년에 '우공 프로젝트'를 시작한다. "우공이산愚公移山"의 그 "우공" 말이다. 전학협에 속하지 않은 대학들을 전학협 운동으로 조직하겠다는 계획이었다. 각자 맡은 대학들을 돌며 정치적 견해를 담은 선전물을 배포하고 학습 모임을 조직하며 활동하다가, 정기적으로 모여 진행 상황의 정보를 나누었다. 이 시기에 문석은 서울의 몇 대학을 꾸준히 방문한 듯하다. 아무 연고도 없는 대학에 얼굴 들이밀고 사람들을 조직해 내겠다는 목표는 학생운동에 잔뼈 굵은 이십 대 청년들의 자신감을 보여 준다. 성과가 있었는지는 별개로 하더라도.

2002년 말 대통령 선거에서 문석은 사회당 김영규 후보 선거운동본부에 참여했다. 사회당은 "돈세상을 뒤엎어라! 마침내 사회주의 대통령!"을 슬로건으로 내걸었다. 전학협 계열 학생운동은 사회당 지지를 선언하고 조직을 총동원했다. 주로 대학생들로 이뤄진 전국 유세단

2002년 대통선 선거 후보들의 포스터. 권문석은 기호 5번 사회당 김영규 후보 선거운동본부에서 전국 유세단에 참여해 활동했다.

이 꾸려졌고, 문석은 스태프 겸 유세단원으로 대형 트럭을 타고 선거 운동 기간 내내 전국을 순회했다. 문석은 동료 스태프인 우지연 씨와 함께 유세단 일정을 짜고 숙박과 식사를 점검하고 유세 현장에 선발 대로 먼저 가 확인하는 동시에 유세단원들의 온갖 고충도 해결해야 했다.

유세단은 도심에 트럭을 세운 다음, 율동 팀이 춤과 노래를 선보일 때 그 옆에서 선거 홍보물을 배포했다. 시민들이 모여들면 후보가 마이크를 잡았다. '사회당'은 생경해도, 시민들은 유세단의 젊은 열기를 좋아했다. 유세단 내부 분위기는 좋았다. "같이 고생하면서 정말 열심히 했고, 자기가 하는 일에 대한 자부심이 높았다." 우지연 씨의 말이다.

2002년 대선에서 두 개의 진보정당, 즉 민주노동당과 사회당이 경쟁했다. 민주노동당은 민주노총과 재야 운동의 지원 위에 만들어진 정당이었다. 사회당은 청년 활동가들이 주도했으며 '좌파정당'이라는 이념적 기치를 선명히 하려고 했다. 사회당은 민주노동당을 향해 북한 정권에 대한 태도가 유보적이며 자본주의에 대한 입장도 근본적이지 못하다고 비판했다. 2001년 8월 청년진보당에서 사회당으로 당명을 개정하며 내건 "자본주의 반대" "조선로동당 반대"가 사회당의 기치를 잘 보여 준다.

사회당의 전신인 청년진보당은 1998년에 창당해 2000년 총선에 서울 40여 지역구 모두에 출마하면서 신선한 바람을 일으켰다. 2001년 청년진보당에서 확대 창당한 사회당은 그해 10월 구로구 국회의원 보궐선거에서 민주노동당 후보를 근소한 차이로 앞질렀다. 민주노동당은 2002년 지자체 선거에서 약진했고 그해 대선에 권영길 후보를 출마시켜 3.9%(95만 표)라는 유의미한 표를 얻는다. 사회당 김영규 후보의 득표는 0.1%(2만2천 표)에 머물렀다. 민주노동당은 대중적 진보정당으로 자리 잡았고 2004년 총선에서 원내에 진출한다.

2002년에 사회당은 대선에서 좌파정당의 존재를 국민들에게 알리려고 했다. 자본주의에 반대하며 북한 정권과도 철저히 선을 긋는 좌파정당이 있어야 한다고 문석은 생각했다. 문석은 청년진보당과 사회당에서 내내 당원이었고 진보신당과 통합하는 날까지 당직자로 일했다.

그의 20대를 뭐라고 말할 수 있을까.

사람들이 인생의 진로를 택할 때 어떤 결정적인 계기가 있을 거라 여기지만, 실은 인생의 진로는 한 번의 계기로 결정되는 것이 아니라 살아가면서 꾸준히 유사한 선택을 반복해 온 결과다.

과 학생회 소식지를 만들거나 선배들을 따라 거리시위에 동참하면서 문석은 사회문제에 서서히 눈을 떴다. 고통과 불의가 이 사회에 만연해 있다는 사실에 분노한 스무 살 청년이 사회운동에 참여하는 것은 어느 시대든 드문 일은 아니다. 문석 역시 시위에 나가는 수많은 청년 가운데 한 사람이었다.

남다른 점이 있다면, 문석은 처음의 선택 이후에도 비슷한 선택을 꾸준하게 그리고 크게 괴로워하지 않으면서 했다. 함께 운동에 뛰어든 사람들이 기성 사회에 편입하기 위해 슬금슬금 운동에서 빠져나올 때에도, 문석은 깃발을 지켰다. 그 운동에서 자기가 할 수 있는 일을 찾고 그 일에 필요한 능력을 키웠다. 운동가들 사이의 자리다툼이나 세력 싸움에 별 관심이 없었고, 어떤 조직에서든 높은 자리보다는 빈 곳을 찾아 메웠다.

언젠가 『달넘세』 편집후기에 썼듯이 "작은 것에 대한 사랑이 세상을 바꾸는 가장 큰 힘"이라고 여기면서.

## 4. 학생운동에서 진보정당으로

### 전학협 해소 후 활동

대선 유세단 활동을 마치고 문석은 2003년 초 다시 학생운동으로 돌아갔다. 경기 남부 지역 전학협 계열 학생운동 책임자를 맡아 학생활동가를 조직하고 교육했다. 수륙을 오가는 동물처럼 잠시 물 밖에 나갔다가 다시 물 밑으로 내려온 셈이다. 더는 미루기 힘든 병역 문제도 해결해야 했다.

2003년 여름, 전학협이 해산을 결정한다. 문석은 해산에 반대했다. 이 문제의 배경을 언급할 필요가 있다. 2002년 대선에서 사회당은 후보의 득표도 저조했지만 선거운동 과정에서 여러 문제점을 드러냈다. 책임 논쟁이 벌어졌고, 논쟁은 조직의 근본적인 혁신과 진로에 관한 내부 투쟁으로 이어졌다. 사회당 안에 잠재해 있던 내부 갈등이 분열로 드러났다. 분열은 전학협의 학생 활동가들에게도 영향을 미쳤다. 분열된 선배들은 상대를 비난하며 각자 학생 활동가들을 조직하려 했고, 이 과정에서 학생 활동가들에게 실망감과 배신감을 주는 일들이 있었다.

이것이 전학협 해산의 외적 원인이라면, 내적 원인은 전학협의 정체성인 학생회 운동에 대한 회의감이었다. 한총련이든 전학협이든, 1980년대 이래 학생운동의 전통 속에서 학생회를 학생 사회의 가장 중요한 구조로 보고 학생회를 '잡아' 자신의 정치 노선으로 조직하려고 모든 것을 쏟아 부었다. 그런데 2000년대 들어 학생회가 대학 사회에 차지하는 위상은 점점 약해졌고, 인터넷의 보편화로 사람들이 사회에 관심을 보이고 참여하는 방식도 과거와는 크게 달라졌다. 이런 변화에도 불구하고 학생회 당선과 운영에 계속 막대한 힘을 쏟을 것인가, 그것이 바람직한가, 고민이 커졌다. 전학협의 일부 활동가들은 학생회가 학생 사회의 자율성을 억압한다며 전학협을 해산하고 나아가 아예 학생회를 없애자고 주장했다. 이른바 '학생회 해소 운동'이었다.

문석은 전학협 해산 주장은 현장의 학생 활동가들이 겪는 어려움과는 동떨어져 있다고 보았다. 몇몇 주요 대학에서는 학생회 없이도 학생 자치활동이 가능할지 모른다. 하지만 대부분의 대학에서 학생회는 진보적 청년들의 소통과 결속을 대학 당국의 억압으로부터 보호하는 거의 유일한 힘이자 제도다. 문석은 전학협 해산 입장이던 문성호 씨와 격론을 벌였다. "문석이가 고집이 셌다. 경기도에서 운동하는데 전학협 해소가 도움이 안 된다는 생각이었다. 한참 둘이 이야기하고 설득했다고 생각하면 다시 제자리였다." 전학협 해산이 결정된 후에 문석은 해산 반대파 활동가들과 함께 전국학생투쟁위원회('전학투위')라는 조직을 결성했다. 전학투위는 미국의 이라크 점령에 반대하는 활동 등을 펼쳤다.

전학협 해산 결정이 옳았는지 아닌지는 여기서 다룰 문제가 아니다. 다만 문석의 생각은 짐작할 수 있다. '조직의 결정은 현장 활동가들이 일하는 데 도움을 주어야 한다. 현장을 고려하지 않은 추상적인 전망은 아무리 그럴듯해 보여도 도움이 되지 않는다. 현장이 모든 판단의 근거여야 한다.' 이런 믿음은 이후로도 문석의 일관된 원칙이었다.

### 병역 특례 요원 시절

학생운동에서 문석이 더 할 수 있는 일은 없었다. 전학협은 해산했고 동료들은 흩어졌다. 병역 문제도 해결해야 했다. '양심에 따른 병역거부 운동'에 동참하는 청년들이 늘던 때라서 문석도 군대 대신 감옥을 택할지 진지하게 고민했다. 왜 군대를 가지 않느냐는 어머니의 물음에 "저는 총을 들고 싶지 않아요"라고 답해 어머니를 놀라게 했다.

고민하는 문석을 지켜본 친구 엄민 씨는 그래도 감옥에 가는 건 다시 생각해 보라고 말렸다. "양심에 따른 병역거부를 하려고 마음을 정한 것 같았는데, 고생하는 어머니를 봐서라도 다시 생각해 보라고 설득했다. 어머니가 걱정하실 거라고 이야기하자 문석이가 마음을 돌렸다." 감옥에 가는 길을 빼면, 총을 잡지 않고 병역을 마치는 데에는 '산업체 병역 특례 요원'이 되는 길이 있을 뿐이었다. 문석은 '공익 근무 요원'이 될 수 있는 조건도 아니기 때문이다. 문과 출신이 병역 특례 요원이 되려면 기술 자격증을 따야 했다. 그 길을 택했다.

2004년 초, 문석은 울산으로 내려간다. 울산에서 용접 자격증을 따서 바로 울산의 산업체에 취업할 생각이었다. 이런 결정에는 성대 학생운동 선배인 이형진 씨의 영향도 있었다. 이형진 씨는 노동운동을 하고 싶어 울산에 갔고, 용접 자격증을 취득한 다음 병역 특례 요원으로 산업체에 입사했다. 병역 문제도 해결하고 장차 하려는 노동운동을 준비하기 위해서다. 문석은 후일 알바노동자운동을 하지만 이때까지는 노동운동에는 별 뜻이 없었다. 다만 병역 특례라는 낯선 일을 준비하는 데 조언해 줄 선배가 절실했다. 이형진 씨는 문석을 자신의 원룸에 들어와 살게 하고 자기가 다니던 용접 학원도 소개했다. 문석은 용접 학원의 직업 능력 개발 과정에 등록했다. 노트에다 용접 재료와 용접 방법에 대해 빼곡하게 필기했다.

　　문석은 자격증 시험을 준비하면서 사회당 울산시당에 찾아가 사람들을 사귀었다. 2004년 4월 15일 총선에서 울산 중구에 출마한 사회당 이향희 후보의 선거운동도 했다. 그해 10월에 전기용접기능사 자격증을, 11월에 용접산업기사 자격증과 용접기사 자격증을 따는 데 성공한다. 용접 학원 원장이 문석에 관하여 이형진 씨에게 "쟤는 너처럼 대졸이라 필기는 잘 하는데 실기는 좀 걸리겠다"라고 말한 것을 보면 남들보다 시간이 좀 더 걸린 듯하다. 아무튼 이 자격증을 문석은 두고두고 뿌듯해 했다. 나중에 사회당 당직자로 일할 때 동료들에게 자기는 용접을 할 줄 안다며 자랑하기도 한다.

　　이형진 씨는 문석과 한 집에 산 시기를 이렇게 회상한다. "문석이 어머니가 울산에 보내 주신 반찬을 같이 맛있게 먹었다. 유럽 축구를 너무 좋아해 팀과 선수를 줄줄 꿰면서도 정작 자기는 축구나 운동을 못하고 하는 것도 싫어하더라. 주말에는 이불을 깔고 나란히 누워 《개그 콘서트》를 보면서 깔깔대곤 했다."

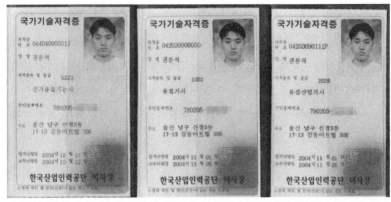

권문석이 울산에 거주하며 취득한 전기용접기능사, 용접기사, 용접산업기사 국가기술자격증들.

자격증은 땄지만 예상하고는 달리 취업이 쉽지 않았다. 울산에서 백방으로 입사할 회사를 찾았지만 실패했다. 군 입대를 더 이상 늦출 수 없는 상황이었다. 충남 논산의 한 영세한 업체에 일자리가 나자 문석은 거기 취직했다. 입사한 지 넉 달 만에 회사가 부도가 나 다시 급히 일자리를 찾았다. 친구 엄민 씨는 문석을 도와 용접 일자리가 있을 만한 회사의 명단을 뽑아 병역 특례 요원을 받아 줄 수 있는지 일일이 전화했다. 문석도 이력서를 수십 군데 돌렸다. 이력서의 '경력 사항'에 이렇게 적었다.

전기(Arc) 용접
가스 용접, 가스 절단(수동/자동)
플라즈마 절단
$CO_2$ 용접(솔리드 와이어, 플럭스 와이어)
TIG(아르곤) 용접

다행히 집과 가까운 서울 성수동의 한 업체에 취업하는 데 성공했다. 3년 동안 부모님이 사는 집에서 출퇴근하며 병역을 마쳤다. 회사 다니는 동안 문석은 틀에 박힌 일과를 반복했다. 전기 용접 작업을 하다가 감전 당할 뻔했는데, 직장 동료가 발로 문석의 엉덩이를 뻥 차 주는 덕분에 큰 사고를 면하기도 했다. 집에 돌아오면 인터넷 축구 게임에 심취했다. 게임 전적을 노트 여러 권에 걸쳐 꼼꼼히 기록하는 열성을 보였다. 회사가 쉬는 주말에는 어머니의 일을 도왔다.

병역 특례 기간이 끝날 즈음 고민이 많았다. 아버지의 사업 실패로 어머니의 경제적 부담이 컸다. 지금 당장은 집안 형편을 봐서라도 자기가 돈을 벌어야 하지 않을까 생각했다. 문석은 병역 특례 요원으로 있으며 받은 월급을 모아 어머니에게 드렸다.

같이 활동한 동료를 만나면 문석은 이런 고민을 털어놓았다. 전학협 집행부에서 문석과 잠시 활동한 문미정 씨가 이 시기 문석과 자주 술을 마셨다. 문미정 씨는 운동에서 한동안 떠나 있다가 돌아오려 했고, 문석에게 다시 같이 활동하자고 졸랐다. "다시 활동하기 전에 집에 경제적으로 도움을 줘야 하지 않을까, 문석이는 그런 생각을 하고 있었다. 학교도 졸업해야 했고 좀 쉬는 시간도 갖고 싶어 했다."

### 복귀와 2007년 사회당 대선

문석은 고민에 오래 빠져 있지 않았다. 2007년 9월에 병역 특례가 끝나자 10월에 운동 현장으로 돌아왔다. 대통령 선거 시기였고 문석은 한국사회당 금민 후보 대선 캠프에서 일했다. '한국사회당'은 사회당이 선거 결과 해산당하고 잠시 택한 당명이었다. 사람이 줄어든 사회당은 문석에게 기획위원회, 청년위원회, 정치실천단 등 여러 부서에서 역할을 안겼다.

문석은 정치실천단 스태프로서 투쟁 현장에 당 깃발을 들고 참가했고 금민 후보의 거리 유세 동선을 짰다. 문석은 '사회당이 투쟁 현장에 더 적극적으로 참여해야 한다'라고 선거운동본부 회의에서 강조했다. 투쟁 현장과 연대 사업에 열심히 참가할수록 사회당의 사회적 발언권이 커진다고도 했다. 이랜드와 뉴코아의 비정규직 투쟁, 이주노조 탄압 저지 투쟁, 그리고 이와 관련한 회의며 기자회견에 문석은 사회당을 대표해 참가했는데, 선거 준비로 당이 바쁘다 보니 덜렁 자기 혼자만 참가하는 경우도 종종 있었다. 투쟁이나 기자회견에 참가하면 문석은 꼬박꼬박 보도 자료를 내 당이 그런 활동을 하고 있음을 언론에 알렸다.

　　후보가 사회당의 독보적인 이론가였던 까닭에 당 조직은 후보에게 많은 것을 의존했다. 선거 기조, 정책, 정무적인 판단 등이 후보로부터 나오거나 후보의 최종 결정을 기다려야 했다. 그러다 보니 금민 후보가 투쟁 현장에 자주 참여하지는 못했고, 문석은 그것이 불만이었다. 정치실천단장인 최승현 씨에게 문석은 "형, 이거는 좀 아니지 않아요?"라며 투덜댔다. "문석은 당이 현장성이 떨어질 것 같다는 문제 제기를 많이 했다"라고 최승현 씨는 기억한다. "부지런한 친구여서 지각하는 사람을 종종 구박했고, 어디서 사람을 얼마나 조직해 왔는지 이런 문제에 꽤 민감했다."

　　2007년은 노무현 정권에 대한 국민의 실망감이 커진 가운데 "국민 여러분, 성공하세요(부자 되세요)"라 말하는 이명박 후보가 압도적인 여론 지지율을 업고 대권으로 가고 있었다. 민주노동당의 권영길 후보는 세 번째 출마라 신선한 이미지를 주지 못했다. 한국 사회의 보수화는 노무현 정권도 민주노동당 등 기존 진보 세력도 국민이 바라는 대안을 내놓지 못하기 때문이라고 사회당은 주장했다. 사회당은

병역 문제를 해결한 후 문석은 2007년 금민 후보의 대통령 선거 운동에 참여했다.

대선 기조를 "새로운 진보, 담대한 제안!"으로 잡았다. 그 진보의 철학은 "사회적 공화주의"였다. 헌법을 고쳐 사회권을 대폭 강화하고, 국가를 평화주의적·생태주의적으로 바꾸자는 것이 골자였다. 아직 덜 다듬었지만 '기본소득'도 공약에 포함했다.

선거운동 기간에 문석은 출퇴근 시간 선거운동, 주말 번화가 선거운동을 기획하고 동선을 짰다. 선거운동원들은 후보의 이름을 박은 어깨띠를 두르고 후보의 이름을 연호하며 서울 시내를 돌다가 인사동이나 명동처럼 인파가 많은 곳에서 짧은 유세를 했다. 2002년 대선과 달리 운동원들은 유세 차량 없이 도보로 움직였다. 사회당은 당의 여건을 고려하고 또 거리 선거운동의 효과가 예전만큼 크지 않다고 판단해 인터넷 중심의 선거운동을 하려 했지만, 거리 선거운동을 포기할 수도 없었다. 그러다 보니 거리 선거운동은 다소 어정쩡하게 진행됐다. 그래도 거리에서 시민들이 박수를 쳐 주거나 금민 후보의 정책에 대해 이것저것 물으면 문석은 신이 났다.

공약이 좋고 "새로운 진보"의 이미지가 신선했다는 평가가 있었으나, 금민 후보의 득표는 2002년 대선 김영규 후보의 득표보다 못했다. 사회당 게시판에는 당원과 선거운동원들의 선거 평가가 봇물처럼 터져 올라왔다. 자연스럽게 당 혁신 논쟁이 벌어졌다. 당 혁신 논쟁은 뒤에 가서 당 대표 경선과 급기야 일부 당원이 탈당하는 사태로 이어진다. 여기서는 문석이 쓴 선거 평가를 통해 당 운동에 대한 그의 생각을 보자.

대외협력 사업은 정치적 성과를 남기기 가장 어려운 사업입니다. 예나 지금이나 그러합니다. 그리고 아주 정직한 사업입니다. 열심히 한 만큼 정치적 발언력을 획득하고 조직적 성과를 남기는 사업입니다. (중략)
집회에 가서 발언하는 게 당 정치력과 무슨 상관이냐고 반문하실 수 있습니다. 물론 저도 기존의 거리의 정치, 저항의 정치가 소멸하고 있다는 것에 대해 동의합니다. 그러나 우리 당이 소위 운동권에서 태동했고 여전히 그 기반 위에 있음은 부정할 수 없는 현실입니다. 진보정치 리셋(reset)이 필요하고 반대를 넘어선 대안의 정치가 필요한데, 과연 그것이 어디에 있는지 저도 알 수가 없습니다. 허나 제가 공감하고 반드시 필요하다고 생각하는 것은 정치와 운동의 끊임없는 긴장 관계입니다. 당이 정치를 하기 위해서는 운동이 바탕이 되어야 합니다.
— 〈한국사회당, 겸손한 마음으로〉 (2007년 12월 28일에 권문석이 사회당 게시판에 올린 글)

## 5. 기본소득에 꽂히다

### 촛불은 어디로 가야 할까요?

2007년 대선에서 '한반도대운하'를 내건 이명박이 압승한다. BBK 실소유주 논란 등 부패 연루 의혹이 제기됐지만 소용없었다. 이듬해 총선도 집권 여당인 한나라당이 휩쓸었다. 사회운동가들은 말할 것도 없고, 사회 진보를 바라는 시민들은 커다란 좌절감을 느꼈다. 그런데 이명박 정부에 대한 항의는 예상하지 못한 곳에서 터져 나왔으니, 2008년 5월에 청소년들이 시작한 광우병 쇠고기 수입 저지 촛불시위였다.

이명박 정부가 한국 대기업의 미국 수출을 늘리기 위해 미국산 쇠고기 수입 규제를 대폭 완화하기로 하자, 이전부터 사람들을 불안하게 한 광우병 문제가 빠르게 부상했다. 국민들은 광우병 걸린 쇠고기가 밥상에 올라올지 모른다고 염려했다. 광우병에 관한 대중의 불안에는 다소 과장된 면이 없지 않았으나, 국민의 생명과 안전이 걸린 문제를 이명박 정부가 불도저처럼 밀어붙이자 이에 대한 불만이 촛불을 불러 모았다. 급식에 미국산 쇠고기가 나오면 안 먹을 수가 없는 청소년들은 적극적이었다. "미친 소, 너나 먹어!" 청소년들의 촛불시위가 연일 이어지자 성인들이 동참하면서 시위 규모가 순식간에 수십 만 명으로 불어났다.

2008년의 촛불시위는 2002년 효순과 미선 두 청소년이 미군 장갑차에 깔려 죽은 사건에 항의하는 촛불시위와 2004년 노무현 대통령 탄핵에 반대하는 촛불시위의 연장이었다. 2000년대 들어 조직되지 않은 시민들이 인터넷으로 소통하면서 거리로 뛰쳐나오는 현상이 종종 일어났는데, 2008년 촛불은 사회운동 단체들이 조직적으로 동원할 수 있는 규모를 훨씬 능가했다. 6월 10일 '촛불대행진'에는 약 백만 명의 참가자가 광화문광장에서 남대문까지 도로를 꽉 메웠다. 촛불시위에 참가한 시민들은 미국산 쇠고기 수입 문제와 더불어, 이명박 정부가 의료·가스·물 등 여러 공공 영역에 대해 추진하는 '신자유주의 사유화私有化' 시도에도 강하게 항의했다. 광우병 이슈는 하나의 물꼬였고, 점점 심해지는 사회적 불평등과 무책임한 국가에 대한 분노가 그 물꼬로 터져 나왔다.

사회당을 포함한 약 1,800여 개의 사회운동 단체들은 '광우병국민대책회의'를 만들었다. 사회운동 단체들은 촛불시위 전부터 정부 정책에 항의해 왔지만, 대중의 이런 폭발적인 직접행동은 예상하지 못했고 대중의 행동을 특정한 방향으로 이끌거나 통제할 힘이 없었다. 광우병국민대책회의는 시민들의 행동에 동참하면서 시위가 지속되고 확대되도록 지원하는 역할에 머물렀다.

사회당 기획위원인 문석은 연일 밤샘하며 촛불시위에 참가했다. 사회운동 단체들은 시위에 참여한 시민들에게 구호를 적은 종이 피켓과 양초를 나눠 주었다. 사회당은 종이 피켓에 직접 구호를 써서 벽에 붙여 '시민산성'을 만들자는 캠페인을 했다. 광화문광장을 막은 컨테이너가 '명박산성'이라면 '시민산성'으로 명박산성을 무너뜨리자는 것이었다. 시민들은 이명박 정부에게 하고 싶은 말을 피켓에 써서, 도서관으로 리모델링하고 있던 구 서울시청 청사를 두른 펜스에 붙였다. 이 캠페인은 꽤 인기였고, 문석도 시민들에게 피켓과 매직펜을 나눠 주느라 바빴다.

촛불시위는 6월 10일에 절정에 달했다가 규모가 줄어들었다. 시민들이 매일 시위에 나오기는 힘들었다. "청와대 뒷산에서 광장의 〈아침

촛불을 들고 밤새 싸운 당원들이 당 깃발을 들고 웃고 있다. 권문석은 왼쪽에서 세 번째에 서 있다. 그 뒤로 '시민산성'이 보인다. (사진 제공: 양희석)

이슬〉 노래를 들었다"며 형식적인 대국민 사과 담화를 발표한 이명박 대통령은 "양초를 무슨 돈으로 사는지 배후를 조사하라"지시했고, 경찰은 물대포로 강경 진압을 시작했다. 참가자가 줄수록 진압은 더 거세졌고 광장은 다시 경찰에게 빼앗겼다. 잠시 주춤하던 쇠고기 수입 정책도 정부의 뜻대로 재개됐다. 시민들과 활동가들은 다시 좌절했다. 문석 역시 좌절감과 무력감을 느꼈으나 그 내용은 좀 달랐다. 4년 뒤인 2012년에 쓴 글로 짐작하면, 그의 무력감은 좌파정당이 촛불의 에너지를 대안적인 정치운동으로 이끌지 못했다는 사실에서 비롯된다.

나에게 "미친 소, 너나 먹어" "이명박은 물러가라"라는 2008년 촛불의 구호는 4년 후의 민주연립정부 수립을 염원하는 목소리처럼 들렸다. 무기력함이 온몸을 휘감았으나 아무것도 하지 않을 수는 없었다. …… 사회당은 …… "미친 소, 너도 먹지 마"라는 손 피켓

을 돌리는 소극적(?) 활동을 했다. …… 선전은 이 작업에 참여한
모두에게 좋은 기억과 이후 활동력을 만들었다.
한편, 촛불광장의 구석에선 기륭전자의 비정규직 여성 노동자들이
"비정규직 철폐"를 외치고 있었다.
— 〈기본소득 이야기 ① 기본소득운동을 하는 개인적 이유〉,《사랑
과 혁명의 정치신문 R》

어마어마한 인파가 모인 광장의 구석에서 "비정규직 철폐"를 외
치는 여성 노동자들의 모습이 문석에게는 아프게 다가왔다. 그렇게 많
은 시민이 모였어도 비정규직 문제에는 그다지 큰 관심을 보이지 않았
다. 어째서 비정규직 철폐 문제는 광우병 쇠고기 문제만큼 관심을 못
모으는 것인가, 왜 좌파정당은 이런 대중의 에너지를 새로운 사회 대
안으로 이끌지 못하고 광장의 주변에서 소극적인 캠페인만 하며 머물
러 있는 것인가.

이러한 고민은 문석이 나중에 기본소득운동에 뛰어드는 계기가
된다. 〈기본소득 이야기〉에서 문석은 좌파정당은 "지금까지 제시된
각종 좌파적 사회 대안"을 서로 모순되지 않도록 "하나의 흐름으로 구
성"해야 하며, 그 대안을 기본소득을 중심으로 "하나의 흐름으로 구성
하고 싶은 마음이 생겼다"라고 쓴다.

그러나 2008년에 문석은 답답했다. 문석은 광우병국민대책회의 회
의에 사회당을 대표해 참가하고 7월 14일에 회의 후기를 "촛불의 방향
은 어디인가"라는 제목으로 사회당 게시판에 쓴다. 대책회의는 다양한
단체들이 합의할 수 있는 최소 수준인 "쇠고기 협상 무효, 이명박 정부
심판"에 머무르고 있다면서 마지막에 이렇게 쓴다. "촛불은 정치적 시
민의 자발적 힘을 보여 줬습니다. 이 촛불은 어디로 가야 할까요?"

기본소득에서 돌파구를 찾다

문석은 기본소득에서 자기 고민의 돌파구를 발견했다. 기본소득은 2007년 대선과 2008년 총선에 사회당의 대표 공약으로 제시됐으나 사회당 활동가들 사이에도 이해가 깊다고 할 수 없었다.

2008년에 문석은 또래 활동가들과 정치경제학과 철학을 공부하는 학습 모임을 만들었다. 금민 전 사회당 대선 후보가 이 모임의 멘토를 맡았다. 문석은 성실하게 참여했다. 읽어 오기로 한 책을 꼬박꼬박 다 읽어 왔고 좀처럼 결석도 하지 않았다. 이 학습 모임을 거치며 문석은 기본소득운동을 자기의 운동으로 받아들였다. 문석이 기본소득에 주목한 이유는 그가 나중에 쓴 〈기본소득 이야기〉에서 찾을 수 있다. 진보 진영은 오래 전부터 임금 인상과 일자리 보장을 요구해 왔으나 그것으로는 부족했다. 정규직이 더 이상 보편적 고용 형태가 아닌 이상 이제 새로운 관점이 필요했다.

고용 없는 성장, 성장 없는 거품, 기계화에 따른 일자리 감소 등 신자유주의는 다양한 위기에 빠졌다. 완전고용은 특정한 자본주의 시기에나 가능할 수 있었던 일시적 현상일 뿐이다. 임금노동과 자본의 관계를 넘어선, 다른 형태의 사회관계를 구성하는 실마리가 필요했다. 기본소득은 그 실마리를 제공한다. 기본소득을 주목한 가장 큰 이유는 임금노동과 생존의 고리가 없다는 점이다.
— 〈기본소득 이야기 ① 기본소득운동을 하는 개인적 이유〉,《사랑과 혁명의 정치신문 R》

사회당에서 금민 대표와 후임 대표 최광은 대표가 기본소득을 사회적 의제로 만드는 노력을 주도적으로 했다면, 학계에서도 강남훈·곽노완 등 진보적 교수들이 기본소득을 연구하고 알리기 시작했다. 기본소득을 지지하는 학자와 활동가들이 생겨나면서 2009년 초 '기본소득네트워크'가 결성됐고 2월 17일에 기본소득네트워크 다음DAUM 카페가 개설됐다. 6월에 한신대 경제학과 강남훈 교수가 기본소득네트워크 대표를, 금민 씨가 운영위원장을 맡았다.

문석은 운영위원을 맡아 기본소득네트워크가 단체의 꼴을 갖추기 위한 온갖 실무를 처리했다. 각종 자료를 모으고 운영위원회 회의 안건을 만드는 일도 문석의 몫이었다. 기본소득네트워크는 활발하게 여러 토론회를 개최했고 외부 토론회에 발표자를 보냈다. 이 시기의 문석에 대해 금민 씨는 이렇게 말한다.

> 문석이 운영위원으로 와서 실질적으로 사무국장 노릇을 했다. 사회당이 많이 도왔고, 실무는 권문석이 틀어쥐고 했다. 그가 운영위원회 회의 문서를 만들었다. 보고 안건, 논의 안건, 기본소득 동향, 관련 기사를 정리했고 자기 나름대로 사업 제안서도 썼다. 알바연대에서 일하기 전까지 그가 계속 이 일을 했다. 그가 없었으면 기본소득네트워크는 돌아갈 수 없었을 거다.

2009년 2월에 문석은 사회당에서 기획위원장 겸 기본소득위원장으로 임명됐다. 기획위원장으로서 용산 참사 해결을 위한 투쟁, 기륭전자 해고 철회 집회 등 비정규직 투쟁에 연대하고 각종 회의에 당을 대표해 참여했다. 기본소득위원장으로서 당원들에게 기본소득을 홍보하는 교육 자료를 만들고 당의 여러 지역 조직을 찾아다니면서 강의했다. 10월에 문석은 사회당 전 대표 금민, 사회당 활동가 김성일과 함

사회당 기획위원장 권문석(앞 줄 가운데)이 2009년 4월 8일 비정규직 문제 해결을 위한 집회에 당을 대표해 참가했다. (사진 제공: 강서희)

께『기본소득 도입이 필요합니다』라는 소책자를 펴냈다.

사회당은 2009년에 기본소득운동을 본격화하면서 기본소득위원회를 설치하고 강령을 개정해 기본소득을 핵심 정책으로 포함시켰다. 그리고 지하철에 기본소득을 알리는 광고를 게시하기로 했다. 메시지는 사회당은 서민에게 밥이 되는 정치를 하며 기본소득은 서민경제를 살리는 해법이라는 것. 광고에 하얀 쌀밥의 이미지를 넣기로 하고 문구를 대강 정했다. 문석은 친구 엄민 씨를 불러냈다. "밥 위에 숟가락이 있는 게 좋겠냐 젓가락이 있는 게 좋겠냐? 밥을 떠먹는 사람도 나오면 좋겠냐 밥만 나오는 게 좋겠냐? 문구를 이렇게 해도 괜찮냐?" 친구의 의견을 꼬치꼬치 물었다. 주변 사람이 주로 운동권이다 보니 일반 시민의 시각을 구한 것 같다. 정치 광고는 2009년 5월 말부터 한 달 동안 지하철 1호선 의정부-동인천 구간 객차의 출입문 옆에 액자형으로 게시됐다.

"정치가 밥 먹여주냐고요? 정치가 밥 먹여줍니다! 위기의 서민경제, 기본소득이 해법입니다"

비용이 들었지만 광고는 꽤 성공적이었다. 사람들 입에 오르내렸다. 사회당과 우호적 경쟁 관계였던 당시 진보신당의 게시판에 당원들이 "우리도 사회당이 하는 것처럼 지하철 광고를 하자"라는 의견이 올라오기도 했다.

사회당 기본소득위원장 권문석이 자신도 집필에 참여한 소책자 『기본소득 도입이 필요합니다』를 들고 있다.

앞서 본 2007년 대선 평가에서 문석은 진보정당이 한편으로는 거리의 정치에 기반을 두고 한편으로는 대안의 정치를 해야 한다고 썼다. 문석은 기획위원장 활동과 기본소득위원장 활동을 통해 자기 나름의 진보정당운동을 해 보려 했다. 거리 투쟁을 좋아하고 책을 싫어하는 활동가도 있고, 책상에만 앉아 있고 거리에 나가기 싫어하는 활동가도 있다. 문석은 날마다 당 깃발을 들고 아스팔트 집회 현장에 나갔다. 집회에서 사무실로 돌아오면 책을 끼고 컴퓨터 앞에 앉아 무언가를 썼다. 거리의 정치와 대안의 정치가 만나는 그곳이 어디고 그때가 언제든, 문석은 그 순간을 준비하는 사람이고자 했다.

2009년 6월 13일, 문석은 용산 참사 규탄 집회 중에 경찰이 이동을 막자 방패를 발길질하여 연행됐고, 서울 중구경찰서 유치장에서 하룻밤을 지내고 나왔다. 하지만 그 뒤 벌금 50만원이 나오고, 다쳤다는 경

찰의 요양비를 일단 지불한 공무원연금공단이 300만원의 구상금을 문석에게 청구하는 바람에 한참 곤욕을 치렀다.


### 1등만 기억하는 더러운 세상을 뒤집어라

문석은 기본소득네트워크에서 교수·연구자들과 공부하는 한편 자기 생각을 발전시켰다. 그러한 노력을 인정받아, 2010년 1월에 발간된 『1등만 기억하는 더러운 세상을 뒤집어라』 집필에 공저자로 참여했다. 민주노총 활동가와 기본소득 연구자의 글을 묶어 민주노총 정책연구원에서 펴낸 이 책은 한국에서 최초로 기본소득의 의의와 가능성을 다룬 정식 출간물이었다.

문석은 가난한 사람에게 낙인을 남기는 선별적 복지와 임금노동자 중심적인 사회보험제도를 "조세형 기본복지"로 바꾸고, 기본소득과 기본복지를 결합시킨 새로운 복지체계를 만들자고 논리적 주장을 펼친다. 그리고 기본소득이 본질적으로 민주주의를 위한 기획임을 강조한다.

> 신자유주의 수탈 체제는 모든 사회 공공성을 파괴하고 민주주의 일반 가치들까지 갉아먹고 있다. 우리 사회의 차별과 배제는 모든 시공간을 아우르며 점점 더 커지고 있다. 더 자유롭고 평등한 사회를 희망하는 사람들은 '대안'을 요구하고 있다. 그러나 대안이라는 말은 실체 없이 허무한 구호로 맴돌고 있다. 민주주의는 선거권과 피선거권만으로 이뤄지지 않는다. 모든 국민이 사회로부터 인간다운 생활을 보장받고 물질적 독립을 획득할 때에만 주권은 제구실을 할 수 있다. 기본소득은 그 역할을 할 수 있다.
> — 권문석, 「기본소득과 기본복지」, 『1등만 기억하는 더러운 세상을 뒤집어라』

기본소득네트워크는 기본소득운동에 엔진을 달기 위해 큰 행사를 기획한다. 2010년 1월 27일에서 29일까지 '기본소득국제학술대회'를 한국에서 열기로 한 것이다. 에두아르도 수플리시 브라질 노동자당 상원의원, 필리프 판 빠레이스 벨기에 루뱅대 교수, 야마모리 토루 일본 도시샤대 교수, 블라슈케 독일 좌파당 활동가 등 기본소득운동의 국제적 명사들이 연사로 섭외됐다.

비용 마련은 별도로 치더라도, 통역 구하기, 장소 대관, 자료집 제작, 홍보, 자원봉사단 모집과 운영 등 할 일이 태산이었다. 기본소득네트워크는 국제학술대회조직위원회를 만들었다. 조직위원회는 각종 실무를 총괄할 집행위원장을 뽑기로 했고, 문석은 자기가 집행위원장을

권문석이 국제학술대회조직위원회 집행위원장을 맡아 준비하여 2010년 1월 이틀에 걸쳐 서울 서 강대학교에서 열린 대회 안내문.

하겠다고 나섰다. 결심이 단단했다. 기본소득운동을 문석이 누구보다 열심히 하고 있다는 걸 누구나 알았기에 만장일치로 그가 집행위원장 이 됐다. 문석은 사회당 김성일 씨를 비롯한 기본소득 활동가들과 같이 일을 처리해 갔다. 대회 날짜가 가까워지면서 야근도 밥 먹듯 했다.

행사는 발표 내용의 수준, 연인원 6백 명이라는 참여 규모, 언론에 나타난 빈도 등 모든 면에서 성공적이었다. 당시 보도된 기사의 일부 를 보자.

구조적 빈곤과 고용 없는 저성장 등 전 세계적 위기를 타개할 대안 적 패러다임으로 제시되는 '기본소득'에 대한 국제적 논의의 장이 국내에서 처음으로 마련됐다.

기본소득네트워크와 서강대 사회과학연구소 등 19개 사회운동·
학술 단체들은 27일 서울 마포구 서강대 다산관에서 기본소득국제
학술대회를 개막하고 「기본소득 서울 선언」을 채택했다.

이들은 선언에서 "기본소득은 19세기 노예제 폐지, 20세기 보통선
거권 쟁취에 버금가는 21세기 세계사적 과제"라며 "기본소득은 신
자유주의를 뛰어넘어 대안 사회로 나아가기 위한 디딤돌이자 선별
적인 복지 패러다임을 넘어 보편적 복지 패러다임을 완성하는 지
렛대"라고 밝혔다. 이어 "기본소득은 현대사회 모든 문제를 해결
하는 만병통치약일 수 없을지라도 최소한의 필요조건이 될 수 있
다"고 선언했다.

―「기본소득은 신자유주의 넘는 디딤돌」, 『경향신문』 2010년 1월
27일

문석은 자신감을 얻었다. 기본소득운동에 세상이 반응한다는 것,
그리고 이 큰 행사를 치러 낼 실무 능력과 근성이 자기에게 있다는 것
을 알았다. 그동안 한국이라는 좁은 공간에서 우물 안 개구리로 있었
다는 반성도 했다. 늘 약간 졸린 듯한 눈을 크게 떴다.

짓궂은 짓도 했다. 대회 전날, 입국한 외국 발표자들을 환영하는 식
사 자리를 문석이 예약했다. 기본소득네트워크 운영위원들이 외국 손
님을 데리고 식당에 갔다. 그 시간에 문석은 사회당 사무실에서 그 다음
날에 있을 행사의 진행을 체크하고 있었다. 문석과 같이 있던 김성일 씨
가 외국 손님들 메뉴로 무얼 시켰냐고 물으니 문석은 씩 웃으며 대답했
다. "홍어회." 그날 외국인들에게 삭힌 홍어회는 잊지 못할 경험이었을
것이다. 자기는 대회 준비하느라 고생했으니 당신들도 한번 고생해 보
라는 뜻일까?

## 6. 진보정당의 정책통을 꿈꾸다

2010년 서울 은평(을) 국회의원 보궐선거

이명박 정권 시기 야권의 정서는 '민주 대연합', 다른 말로 하면 '일단 단일화하고 보자'였다. 이명박 정권과 한나라당의 민주주의 역행을 막아야 한다는 게 내세워진 이유였으나, 민주당과 민주노동당의 정치적 차이가 점점 줄어든 것도 이러한 야권연대의 주요한 원인이었다. 2010년 지방선거에서 후보 단일화를 이룬 야당 후보가 여기저기서 여당을 꺾거나 선전하자 단일화는 거스르기 힘든 명분처럼 보였다.

사회당은 오히려 '선명한 진보정당'을 내세워 정치적 돌파구를 열고자 했다. 그래서 2010년 7월 28일 서울 은평구(을) 국회의원 보궐선거에 금민 전 대표가 출마한다. 사회당은 이명박 정권과 맞서 싸울 '진짜 야당'은 사회당이라며, 반복되는 '정권 심판론'이 아니라 '진보 대안'을 지지해 달라고 국민들에게 호소했다. 금민 후보는 기본소득 도입으로 진정한 보편복지를 실현하겠다고 공약했다. '보수 야당' 민주당과의 후보 단일화는 거부했다. 민주당, 민주노동당, 국민참여당의 후보가 단일화 논의를 했고 최종적으로 민주당 장상 후보가 세 정당의 단일 후보가 됐다. 한편 후보를 내지 않은 진보신당은 금민 후보 지지를 선언했다.

금민 후보는 작은 정당인 사회당이 이름을 알리려면 일찌감치 선거운동을 시작해야 한다고 여겨 선거 석 달 전 선거구에서 활동을 시작했다. 문석도 함께였다. 처음에는 선거운동본부('선본')에 사람이라고는 그들 둘뿐이었다. 문석은 사무실을 구하고, 선거관리위원회 관련 업무를 처리했으며, 후보가 만날 사람과 방문할 단체를 섭외하고,

2010년 서울 은평(을) 보궐선거 금민 후보 선본의 권문석 정책국장은 사무실에만 앉아 있지 않았다.

후보 일정과 동선을 짰다. 초기 세팅을 그가 끝내 놓자 차차 선본에 인력이 보강됐다. 다른 후보가 움직이기 전에 금민 후보는 문석과 함께 구두가 닳도록 은평구를 돌아다녔고, 덕분에 예비후보로 등록하는 시점에는 여론조사 지지율이 고무적으로 나왔다.

하루는 사람도 없는 휑한 사무실에 금민 후보가 앉아 있는데, 문석이 나갔다가 지도를 구해 들어왔다. 부동산 사무실에서나 볼 수 있는 은평구의 상세한 대형 지도였다. 문석은 지도를 책상에 펼쳐 놓고 짚어 가며 연구하기 시작했다. 어디가 유동 인구가 많고 어디가 젊은 층이 많이 모이는지 조사했다. 문석이 지도를 보며 꼼꼼하게 짠 선거운동 동선은 선거기간 금민 후보를 지지하는 청년·학생 유세단이 움직이는 데 큰 도움이 됐다. 유세단은 고깔모자를 쓰고 부부젤라를 불며 유권자의 눈길을 끌었다.

선거 돌입 전에는 주로 바깥으로 돌아다니던 문석은 선거기간에는 정책국장을 맡아 사무실을 지켰다. 그는 금민 선본의 입장을 외부로 표현하는 통로였다. 문석은 각 가구에 배달할 공보물 제작, 토론회나 간담회 준비, 포스터와 현수막 등 홍보물 디자인 등을 총괄하고 담당자에게 업무를 분배했다. 예를 들어 문석이 '공보물 기조는 이렇게, 이것을 강조하라'라고 담당자에게 지시하면 담당자가 글을 썼다. 담당자가 유권자의 눈높이를 고려해 좀 쉽게 풀어서 쓰면 문석은 이러저러한 단어는 꼭 들어가야 한다며 고칠 것을 요구했다. "조세재정 혁명으로 서민 수탈 경제를 끝내고 투기불로소득 중과세로 보편적 복지와 기본소득 재원을 마련합니다" 같은 공보물 문구는 좀 딱딱하게 느껴지는데, 이런 점에서 문석은 다소 고집스러웠다.

이 보궐선거는 문석이 처음으로 선본의 중심에 서서 치른 선거였다. 기본소득국제학술대회 후 실무력에 자신감을 가졌다면, 은평(을) 보궐선거를 치르며 문석은 진보정당의 '정책통'을 자임하게 된다.

### 항상 묵묵히 곁에 있을 사람

문석은 일 잘하는 활동가가 훌륭한 활동가라고 생각한 듯하다. 자기의 실무 능력을 키우려고 애썼고 "이 일을 좀 더 효율적으로 잘하는 방법이 뭘까"를 늘 고민했다. 그래서 그런지 자기 할 일을 잘 못하는 사람을 보면 좀 못마땅했다.

그런 태도가 겉으로 드러나 동료들의 반감을 사기도 했다. 한번은 갓 사회당 당직자가 된 후배 활동가가 사무기기를 제대로 못 다루자 면박을 주어 상심하게 한 일도 있었다. "대학 졸업하고 처음 당직자가 됐을 때 복사기를 잘 못 다뤄서 우물쭈물하는데 문석 형이 '넌 이런 것도 못 하냐'고 해서 속상해서 울었다. 당시 이선주 사무총장이 문석이 형에게 한 번만 더 그러면 가만 안 둔다고 혼냈다." 사회당 당직자였던 이혜정 씨의 말이다.

기본소득국제학술대회를 치른 후 문석은 계속 자기가 집행위원장인 양 동료 당직자들의 일 처리에 간섭하고 감독하는 듯한 태도를 보였다. 동료들과 부딪치는 일이 늘었다. 자기 딴에는 동료들의 실무 능력을 높이려고 한 것이겠지만 말이다.

문석은 사회운동에 관련한 일이 아니고는 별다른 관심이 없었다. 낙이라면 야구 시합 보러 가기였다. 결혼하기 전까지 문석은 프로야구 시즌이면 친구 엄민 씨와 한 달에 적어도 한두 번은 잠실야구장을 찾았다. 야구도 보고 외야석에 앉아 친구와 이야기하는 걸 문석은 즐겼다. "류현진이 출전한다고 하면, 문석이가 류현진이 좌투수고 상대 팀에 우타자가 많으니까 외야 어디에 앉으면 잘 보이겠다 해서 그리 가서 앉아서 맥주 한 캔씩 마시면서 야구 이야기도 하고 이런저런 사는 이야기도 했다. 각자 바쁘게 살다가 탁 트인 야구장에 앉아 얘기하는 그 순간이 좋았다."

일에 몰두하고 동료에게 여유가 없는 문석의 이러한 성격이 바뀌게 된 계기는 바로 연애였다. 재미있게도 연애 감정은 그가 실무적으로 가장 바빴던 은평(을) 보궐선거 도중에 생겨났다.

문석과 연애하고 결혼에 이르는 강서희 씨는 출판물과 홍보물 디자이너다. 사회당 당원이었던 강서희 씨는 문석과는 연애 전부터 실무 관계로 여러 번 만났다. 보궐선거 당시 문석은 각종 선거 홍보물 제작을 강서희 씨에게 의뢰했고, 강서희 씨는 맡은 일을 빈틈없이 처리했다. 강서희 씨도 일할 때 맺고 끊는 것이 분명한 성격이라 문석과는 잘 맞았다. 선거가 끝나갈 즈음 강서희 씨가 먼저 문석에게 좋아한다고 고백했다.

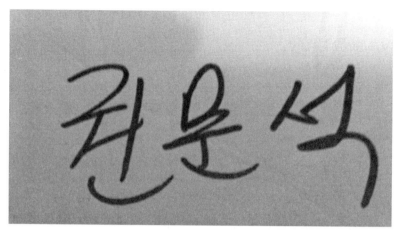

디자이너인 아내가 만들어 준 권문석의 서명 파일

선거가 끝나고 며칠이 지났는데 문석에게 답이 없자 강서희 씨는 문석을 불러내 술을 마시며 물었다. "연애하자. 네 생각은 어떠냐?" 여러 번 물어도 답이 없어 강서희 씨가 포기하고 일어나려고 하자 문석이 입을 열었다. "그래, 하자."

다양한 분야에 두루 관심사가 넓은 강서희 씨 덕에 문석은 좀처럼 경험해 보지 못한 문화생활을 해 보게 된다. 강서희 씨가 이끄는 대로 둘은 온갖 전시회와 공연장을 찾아다녔다. 돌아다니다가 힘들면 맛있는 음식을 먹으면서 오래 이야기를 나눴다. 이게 사람 사는 거구나, 문석은 즐거웠다. 주변 사람들에 대해서도 너그러워졌다. 동료들은 연애를 하고 나서 문석에게 여유가 생긴 것 같다고 입을 모은다.

어쩌면 본디 배려심이 깊고 섬세한 사람인 문석이 격무를 떠안는 운동가로 살다 보니 진짜 성격이 가려졌는지도 모른다. 강서희 씨와 연애하는 문석을 보면 그런 짐작이 든다. 강서희 씨는 연애 시절 문석에 대해 이렇게 말한다. "내가 어쩌다 화를 내거나 확 삐쳐서 가 버리면 나를 쫓아오는데, 나에게 화를 내거나 강압적으로 대하는 일 없이 그저 내가 잘 들어가는지 지켜보기만 했다. 그러다 보니 언젠가부터 이 사람은 어떤 경우에도 내 곁에 묵묵히 있겠구나, 이 사람에게 함부로 하면 안 되겠구나, 생각이 들었다."

## 계급장 없이 일할 줄 아는 동지

2010년 10월에 사회당에 안효상 대표가 취임하면서 기획위원회가 대외협력실로 바뀌었다. 문석의 직책도 기획위원장에서 대외협력실장이 됐다. 2002년 대통령 선거를 평가하면서 대외협력 사업을 "아주 정직한 사업"이라고 한 문석은 자기 말을 실천했다.

장기 투쟁 사업장 연대 집회에서 'G20 정상회의 대응 공동행동' 같은 연대체 활동까지, 문석은 크고 작은 연대 집회 및 기자회견에 꼬박꼬박 참가했다. 여러 단체 활동가들 사이에서 문석의 별명은 '마당발'이었다. 문석의 노력 덕에 사회당도 '작지만 헌신적인 정당'이라는 평가를 받았다. "소수 정파의 대외협력실장으로 최대한 연대하고 참여하려 했고, 그게 사진에 찍힌 모습이 혼자 깃발 들고 있는 모습이다. 내게 그의 인상은 '누가 뭐라 하든 나는 나의 길을 가고 이 자리를 지킨다'는 것이다." 안효상 전 대표의 말이다.

문석은 연대 사업에 갈 때 종종 말끔한 양복 상의를 입고 참가했다. 당을 대표하는 만큼 남들 눈에 어려 보이지 않으려 한 듯하다. 하지만 회의 석상에서 문석은 자기 의견을 강하게 내세우지 않았다. 연대 활동에서는 '말은 적게 하고 일은 많이 한다'는 것이 문석의 원칙이었다. 2011년 한진중공업 정리해고 철회를 요구하며 부산 영도 조선소 크레인 위에서 농성하는 김진숙 부산 민주노총 지도위원을 응원하기 위해 '희망버스'를 처음 제안했던 송경동 시인은 문석이 회의에서 하도

말이 없어서 "권문석 동지는 어떻게 생각하시나요"라고 늘 물어보았
다고 한다.

좌파들이란 참 말 많고
자기주장 세고 까칠한 동지들로 알려져 있는데
좌파 중에 좌파라는 권문석 동지는
참 말 적고 수더분하고
몸으로만 묵묵히 일을 하던 동지라
우리끼리 뒤에서 참 희한하고
좋은 동지라고
존경할 만한 동지라고
수군거리기도 했답니다


그렇게 우리가 함께 만들어 갔던
수많은 투쟁들
비정규직 없는 세상만들기와
용산참사 범국민대책위
그리고 2011년 희망버스 운동 등을
떠올려 봅니다
가장 궂은 일이더라도
계급장 없이 일할 줄 알던 동지
문득 문득 우리 모두가
미안해하고 고마워했던 동지

— 송경동, 「그리운 벗에게」(2015년 5월 31일 권문석 2주기 추모

제에서 낭독한 시)에서

2011년 12월 3일 결혼한 권문석은 태국으로 신혼여행을 떠나 모처럼 휴식을 취했다. 이 사진은 부인 강서희 씨가 특별히 좋아해 여러 곳에 사용된 적이 있다.

2011년 12월 3일, 문석과 강서희 씨는 결혼식을 올린다. 신혼여행은 태국 코사무이로 갔다. 스쿠버 다이빙을 즐기는 사람들이 최고라 손꼽는 바다에는 아예 들어가지도 않았다. 둘은 리조트에서 늘어지게 자고 수영장에서 첨벙거리고 맛있는 음식점을 찾아다니고 전신 마사지를 받았다. 코끼리 타고 정글을 도는 투어를 다녀와 코끼리가 불쌍하다며 안타까워하기도 했다. 1분이 멀다 하고 그들을 찾던 전화, 메신저, 이메일 따위와는 잠시 이별했다. 햇살이 하얗게 쏟아지고 바다가 청자색으로 찰랑거리는 그곳에서 둘은 해방감을 만끽했다.

**기본소득은 프레카리아트와 만나야 한다**

2012년 3월 4일 사회당과 진보신당이 통합 대회를 치르고 합당했다. 당명은 진보신당. 사회당이 진보신당에 들어가는 방식이었다.

전부터 사회당 지도부는 진보신당과 함께 '진보혁신정당'을 만들어야 하는 필요성을 당원들에게 설득했다. 사회당 당원 일부는 당의 가치가 훼손될 수 있다며 독자 정당으로 남기를 원했다. 하지만 문석은 통합에 찬성했다. 그는 긴 시간 당직자로 일하면서 소수 정당이 세상에 내뱉는 말의 힘이 얼마나 미약한지를 절감했다. 통합을 통해 더 큰 당이 되면 기본소득운동을 더 많은 진보적 청년과 시민들에게 전파할 수 있을 것이라고 믿었다. 그는 사회당 활동가들이 진보신당에 얼른 섞여야 하며 사회당의 '순혈주의'를 넘어서야 한다고 생각한다.

하지만 그의 바람과는 달리, 사회당 기본소득위원회를 진보신당 기본소득위원회로 인정해 달라는 주장은 받아들여지지 못했다. 진보신당 규약 체계가 사회당과 다르기 때문이기도 하고, 기본소득에 대한 기존 진보신당 당원들의 입장이 사회당에 비해 매우 다양했기 때문이었다. 문석은 아쉬웠지만 크게 개의치 않았다. 문석은 '진보신당 기본소득위원회 준비위원장'을 자임했다. 진보신당 당원들에게 기본소득위원회를 함께 만들자고 제안서를 돌렸고, 사회당보다 커진 활동 공간의 이로운 점을 십분 활용했다.

한 해 전인 2011년에는 '아랍의 봄'에서 '월스트리트 점령 운동'에 이르는 반란의 파도가 세계를 휩쓸었다. 그 파도의 중심에는 청년 세대가 있었다. 2008년 이후 몇 해 동안, 세계 각국은 금융 대공황의 직격탄을 맞고 빈사 상태에 있다가 가혹한 긴축정책에 의존해 되살아났다. 긴축정책은 복지와 교육 분야 예산을 대폭 삭감하고 일자리를 구조조정하는 것으로서 어느 나라든 청년 세대에게 고통을 전가했다. 빚은 늘어가고 구할 수 있는 일은 비정규·불안정 일자리뿐인 청년들이 분노에 차 거리로 뛰쳐나왔다. 문석은 한국에도 조만간 불안정노동을 전전하는 신종 노동자계급인 "프레카리아트precariat"의 운동이 일어나리라 예상했다. 그래서 더욱 열심히 기본소득운동에 힘을 쏟았다. 기본소득은 청년들의 열악한 처지를 받치는 버팀목이면서 동시에 새로운 청년운동의 기폭제가 될 것이었다.

> 청년기본소득제 시행의 목표는 비정규불안정 노동체제를 혁파하는 것이다. 청년기본소득제 시행은 신자유주의 노동유연화 흐름에 강력한 저지선을 구축할 것이다. 추가로, 베이비붐 세대(한국전쟁 이후 10년간 태어난 세대)의 대량 은퇴가 코앞에 다가온 이때, 청년기본소득제는 신자유주의에 맞선 강력한 사회연대전선을 세우는 토대가 될 수 있다.
> ― 권문석 · 김성일, 『기본소득 노트』, 진보신당 기본소득위원회(준)

2012년 3월에는 월스트리트 점령 운동에 참가한 활동가들을 불러 운동의 전망과 기본소득의 가능성을 살피는 큰 행사가 열렸다. 〈2012 기본소득 국제대회: 금융자본주의를 점령하라〉. 기본소득네트워크와 여러 진보 단체들이 공동 주최했다. 기본소득 도입, 금융자본주의 종식, 프레카리아트운동 조직화가 대회 목표로 정해졌다. 국제학술대회를 성공리에 치러 본 문석은 이번에도 실무 책임을 맡았다. 2010년 대회와는 달리 한국의 청년 활동가와 연구자들이 발표자로 대거 참여했다. 문석은 "청년의 무기, 기본소득과 점령 운동" 세션의 사회를 맡았다. 행사장인 서울 정동 경향신문사 강당에는 참가자와 기자들로 꽉 찼다.

문석은 2012년 내내 "경제 위기", "프레카리아트", "기본소득", "좌파정당"을 키워드로 자신을 몰아쳤다. 여러 토론회를 기획했고, 김

성일 씨에게 소책자를 쓰자고 제안해, 틈틈이 글을 쓰고 이전에 썼던 글을 모아 가을에 소책자 『기본소득 노트』를 펴냈다. 비상임 정책위원이지만 진보신당 중앙당으로 매일 출근했고, 당직자들과 기본소득 세미나를 열었다. 하지만 시간이 갈수록 문석은 힘이 빠졌다.

성과가 있기는 했으나 진보신당에서 기본소득의 지지를 넓히는 건 참 느렸다. 한국 사회에 기본소득을 중심에 둔 위력적인 청년대중운동이 조직될 기미는 별로 보이지 않았다. 기본소득이 매력적이라고 여기는 것과 당장 자신의 이해관계를 기본소득에 일치시키고 행동에 나서는 것은 전혀 다른 문제였다.

2012년 8월 31일, 딸 도연이 태어났다. 부인 강서희 씨는 병원에 간 지 두 시간 만에 아기를 낳았다. 문석은 밤에는 조리원에서 같이 자고 아침에 당사로 출근했다. 꼼지락거리는 아기의 손가락과 발가락이 신기해 한참 들여다봐도 질리지 않았다. 강서희 씨는 24시간 아기에게 매여 디자이너 일을 할 수 없었고, 문석이 진보신당과 다른 활동 공간에서 받는 적은 급여가 수입의 전부였다. 진보신당이 재정난으로 당직자를 줄이자 문석은 그 급여마저 가져오지 못했다. 마음에 그늘이 짙어졌다.

12월 대선에 진보신당은 독자 후보를 출마시키지 않기로 방침을 정한다. 당에 역량이 부족하고 당 외부 좌파세력과 대선에 공동 대응하기 위해서라는 게 이유였다. 독자 후보로 대선을 돌파하는 것이 좌

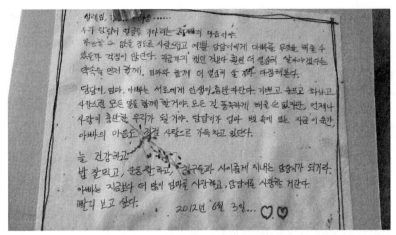

성래형, 김[...] 아들딸······

우리 담담이 얼굴을 기다리는 아빠의 마음이야.

가늠할 수 없는 경로로 사랑스럽고 예쁜 담담이에게 아빠들 무엇을 해줄 수
있을까 걱정이 앞선다. 지금까지 했던 것보다 훨씬 더 열심히 살아야겠다는
약속을 먼저 할게. 엄마와 함께 더 열심히 살 거라 다짐해본다.

담담이, 엄마, 아빠는 서로에게 인생의 동반자란다. 기쁘고 슬프고 화나고
사랑스런 모든 일을 함께 할 거야. 모든 건 풍족하게 해줄 순 없지만, 언제나
사랑이 충만한 우리가 될 거야. 담담이가 엄마 뱃 속에 있는 지금 이 순간,
아빠의 마음도 걱정 사랑으로 가득차고 있단다.

늘 건강하고
밥 잘 먹고, 운동 잘 하고, 친구들과 사이좋게 지내는 담담이가 되거라.
아빠는 지금보다 더 많이 엄마를 사랑하고, 담담이를 사랑할 거란다.
빨리 보고 싶다.

2012년 6월 3일··· ♡♡

권문석은 탄생을 석 달쯤 앞둔 '담담이'에게 자신의 마음을 전하는 편지를 써 두었다.

파정당의 원칙이라고 생각해 온 사회당계 당원들이 강하게 반발했다.
옛 진보신당 당원 가운데도 대선 돌파에 뜻을 같이하는 당원들이 있었
다. 진보신당이 대선 불참 결정을 바꾸지 않자, 대선 돌파를 주장하는
당원들은 진보신당의 대중적 아이콘인 울산연대노조 울산과학대 지
부 '청소노동자 김순자 지부장'을 중심으로 독자 대선을 치르기로 한
다. 김순자 지부장은 진보신당 후보가 아닌 무소속 후보로 출마를 결
심할 수밖에 없었다. 지지자들은 선거운동본부를 꾸렸다. 진보신당을
탈당하고 '순캠'(김순자 대선 캠프)에 합류하는 사람들도 있었다.

김순자 후보는 "알바들의 대통령"을 자임하면서 불안정비정규노
동자들을 위한 대통령이 되겠다고 약속했다. 공약으로 "매달 30만원
전 국민 기본소득, 주 35시간으로 노동시간 단축, 최저임금 1만원"을
내걸었다. 문석은 탈당은 하지 않았지만 순캠의 활력에 고무됐다. '최
저임금 1만원' 주장은 실제로 청년 알바노동자들을 순캠으로 불러 모
았다. 순캠의 선거운동은 기존 운동권 문화와는 전혀 달랐고 재기발랄

권문석은 2012년 대통령 후보로 출마한 울산과학대 청소노동자 김순자 지부장의 선거운동본부에 참여했다.

했다. 선거기간 동안 알바 노동자들의 실태를 조사해 발표했고 "우리도 쉬고 싶다"며 홍대 거리를 '점령'했다. 문석은 자기가 앞으로 무엇을 해야 하는지 길을 찾았다.

금민 씨는 이때의 문석에 대해 이렇게 말한다. "기본소득운동을 오래 했는데 대중 주체가 만들어지지 않았다, 프레카리아트가 주체가 되어야 하는데 알바가 바로 프레카리아트이고 알바를 조직하려면 기본소득만으로는 안 되고 최저임금 문제를 제기해야 한다, 그런 생각으로 그는 알바 운동을 선택했다. 청년 프레카리아트와 함께 운동하고 싶어서."

김순자 후보는 득표율 0.15%, 4만6,017표를 얻어 일곱 명의 후보 가운데 4위를 했다(통합진보당 이정희 후보는 중도 사퇴). 기대 이상의 선전이었다. 순캠 선거운동원과 지지자들의 기세가 높았다. 캠프 해단식 직후 '비정규·불안정노동자와 함께하는 알바연대'('알바연대')가 제안됐다. 문석은 그 길로 알바연대 상근자로 결합했다. 학생운동 이후 내내 진보정당 당직자라는 옷을 입고 일한 문석은 그 옷을 벗고 새로운 운동에 뛰어들기로 했다.

## 7. 알바들의 대변인

기자 없는 기자회견, 알바연대의 시작

알바. 근로계약도 4대보험도 없이 여기서 몇 달 일하다 잘리면 저기서 몇 달 일하기를 반복하는 극단적인 불안정 노동. 세상은 친근하게 이들을 '알바생'이라 부른다. 세상이 이들을 알바생이라 부를 때, 공부하면서 틈틈이 '일도 하는' 사람이라는 뜻이지 노동자로 여기지 않는다. 노동자로 보지 않으므로 알바가 호소하는 고통을 '노동문제'로 여기지도 않는다. "젊을 때 고생은 사서도 하는 거 아냐?" "사회생활 배운다 생각하고 참아."

최저임금은 알바노동자를 비롯한 저임금 노동자의 삶에 직접 영향을 준다. 그들의 임금이 대체로 최저임금으로 결정되기 때문이다. 매년 6월 열리는 최저임금위원회에서 그 다음 해 최저임금을 결정한다. 최저임금위원회는 노동자 대표 위원들과 경영자 대표 위원들이 싸우다가 정부 위원(공익위원)의 중재안에 합의하며 끝내기를 되풀이한다. 물가 인상률에도 못 미치는 100원, 200원 '찔끔 인상'이 마치 사회적 합의인 양 포장하면서.

문석은 이를 허구라고 비판한다.

알바노동자, 최저임금 노동자, 비정규직노동자 등 최저임금을 실제로 받는 당사자들이 최저임금위원회에 참여하지 못한다. 중소기업 사장, 프랜차이즈 가맹점주, 영세자영업자 등 최저임금을 노동자에게 지불할 의무를 진 당사자들이 참여하지 못한다. 공익위원들은 대체로 대학교수들이어서 최저임금법에 별 이해관계가 없다.

그래서 임금 결정은 많은 사람이 상상하는 것처럼 합리적이고 과학적인 논증과 실사를 거쳐 이뤄지지 않는다.

— 권문석, 『최저임금을 1만원으로』

최저임금은 한 나라 임금의 "통제가격"이며 "가장 낮은 임금의 사회적 기준"이 된다. 다시 말해 낮은 최저임금은 저임금 노동자는 물론 전체 노동자의 임금을 낮게 유지시키는 압력이 된다. 2013년 한국의 최저임금은 4,860원이며, 이 임금을 적용받는 20대 알바노동자가 한 달 꼬박 일해 평균적으로 버는 돈은 89만원이었다. OECD 나라들에 비해 턱없이 낮은 최저임금을 올리자는 요구는 항상 있었으나, 그때까지 민주노총이나 한국노총은 이 요구를 중심 의제로 받아들이지 않았다. 두 노총의 핵심 동력이 상대적으로 급여가 높은 대기업·정규직 노동조합인 까닭이다. 최저임금 인상에 대한 두 노총의 입장은 '최저임금을 전체 노동자 평균임금의 50%선까지 올리자' 정도로 원론적이고 소극적이었다. 사회운동 단체나 진보정당들도 대체로 비슷했다.

2012년 대선 기간, 문석은 동기 활동가 구교현 씨와 자주 대화했다. 김순자 후보의 메시지에 청년들이 반응하고 있었다. 순캠 이후에 어떤 운동이 필요할지 두 사람은 고민을 나누었다. 청년 불안정노동자, 즉 알바노동자를 조직하자, 이것저것 늘어놓지 말고 '최저임금 1만원'이라는 단일 의제로 가자, 여기에 두 사람은 의기투합했다. 최저임금이 1만원은 되어야 하는 이유는 그만큼은 받아야 인간답게 살 수 있기 때문이다. '섬처럼 둥둥 떠다니는 알바노동자들'을 조직하고 주체로 나서게 하려면, 복잡한 계산 대신 가슴속 절박한 욕구를 건드려야 했다.

두 사람의 구상에 동지들이 모였다. 알바연대 대표직을 수락해 달라는 요청에 김순자 후보는 흔쾌히 그러겠다고 대답했다. 쇠도 달았을 때 쳐야 하듯, 순캠의 활기가 가시기 전에 조직을 띄워야 했다. 알바연대 집행부를 꾸리고 구교현 씨가 집행위원장을 맡았다. 알바연대 창립을 알리는 기자회견을 2013년 1월 2일로 잡았다.

기자회견을 열기로 한 서울 청계광장에 기자는 아무도 오지 않았다. 영하 10도의 날씨, 인적 없는 청계광장에는 김순자 대표와 알바연대 집행부 그리고 지지하러 온 학생 등 10여 명이 전부였다. 벌벌 떨면서 기자를 기다리던 그들은 결국 '기자 없는 기자회견'을 진행했다. 현수막을 펼치고 간간히 지나가는 행인과 차량을 향해 구교현 씨가 마이크를 잡았다. "저희들은 알바연대입니다. 앞으로 알바들의 권리와 최저임금 1만원으로의 인상을 위해 활동하겠습니다!"


동물들, 홍대 거리에 출현하다


문석은 구교현 씨와 성격이 많이 달랐다. 구교현 씨가 성큼성큼 지르고 일단 시작하는 스타일이라면 문석은 꼼꼼히 따지는 스타일이었다. 나쁘게 말하면 투덜대는 성격이다. 첫 기자회견에서 준비 부족으로 앰프와 마이크를 연결하는 선을 빠뜨린 것을 알자 문석은 그런 것도 제대로 준비 못하냐는 식으로 투덜거렸다. "날씨도 겁나게 추운데 권문석이 자기가 준비를 잘 안 하고 그 상황에서 나를 질타하는 말을 해서 기가 막혔다." 구교현 씨 말이다. "이후에도 회의 자리에서 문석이와 많이 부딪쳤다." 이것저것 일을 벌여 보자고 구교현 씨가 제안하면 문석은 그건 이래서 안 되고 저건 저래서 안 된다며 반박했기 때문이다.

하지만 알바연대를 만든 이상 알바노동자를 만나러 직접 가야 한

2013년 1월 18일 꿀벌로 변신한 권문석이 서울 홍익대학교 근처에서 '최저임금 1만원' 캠페인을 벌이고 있다.

다는 데는 둘 다 동의했다. 홍대·신촌·강남·대학로·서울대 입구 등 청년들이 많이 오가고 알바노동자도 많은 곳에서 '최저임금 1만원' 캠페인을 벌이기로 했다. 신생 조직은 몸이 가벼운 것이 장점이다. 아이디어가 생기면 눈치 보지 않고 쏟아냈고, 결정되면 빠르게 일을 시작했다. 사회당과 진보신당의 당직자로 오래 일하다 알바연대로 온 이혜정 씨는 즐겁게 일하고 싶었다. 캠페인에 동물 옷을 입고 나가자고 제안했다. 벌, 개미, 개구리, 당나귀 따위의 옷을 구했다. 2013년 1월 10일, 집행부는 동물로 변신해 첫 번째 야간 캠페인을 시작했다. 장소는 홍대 입구. 문석은 꿀벌로 변했다. 동물들이 거리에 나타나자 사람들의 이목이 집중됐다. "최저임금을 1만원으로 올립시다." 시민들로부터 즉각 반응이 왔다. "헉, 1만원?" "되기만 하면 정말 좋겠다." "너무 심한 거 아냐?"

서명 용지가 금세 다음 장으로 넘어갔고 알바연대 회원으로 가입하겠다는 사람도 있었다. 집행부는 힘이 났다. '매장에 들어가서 알바 노동자를 만나자.' 손님들이 있고 점주도 있을지 모르니 들어가면 빨리 알바연대와 '최저임금 1만원' 주장을 펼치고 나오기로 했다. 이른 바 '매장 습격'은 성공적이었다. 손님들이 귀를 기울이고 알바노동자들은 나눠 준 유인물을 읽으며 고개를 끄덕였다. 점주가 매장에 없어서 혼자 일하는 편의점 점원은 알바연대에서 말을 걸자 자기 일터의 고충을 털어놓으며 주휴수당을 받을 수 있는지 상담을 청하기도 했다.

고무된 알바연대 집행부는 매주 화요일과 목요일에는 야간 캠페인을, 주말에는 주간 캠페인을 이어갔다. 알바연대의 주장을 알리고, 알바노동 실태에 대한 설문조사도 하고, 알바노동자와 인터뷰를 하거나 인터뷰 약속을 잡았다. 인터뷰한 사연은 〈알바 K의 이야기〉라는 제목으로 알바연대 웹사이트에 연속해 올렸다. 인터뷰의 한 대목을 보자.

반가워요. 홍대에서 지나가다가 보고 가입했다면서요? 네네. 홍대에서 캠페인 하는 걸 봤어요. 놀랐어요. 사람들 막 줄서서 서명하던데요? 팸플릿 딱 봤는데 최저임금이 왜 만원이 되어야 하는지 일목요연하게 정리되어 있는 거예요. 진짜 맘에 들었어요. 팸플릿도 예쁘고.

최저임금 만원 하면 너무 센 것 같아요? 아뇨오오~~!! 쉬운 알바도 만원 받을 만하죠. 아니 사실 최저임금이 4,860원이면 제대로 된 밥 한 끼도 못 먹는데, 그건 아니죠. 만원은 돼야죠. 고기집 야간 알바는 15,000원 정도 될 텐데 그럼 진짜 좋겠다. 주변에 이런 얘기 하면 제정신 아니라고 그래요. 그럼 사장들은 어떻게 사냐면서.

피자O에서 알바 했던 이야기 좀 해 주세요. 피자O은 수습 기간이 3개월이에요. 알바 시작하면 실습도 하고 컴퓨터로 인강도 들어야 돼요.

정신없이 배워요. 초반에는 실수도 많고 힘들어요. 피자 커팅 잘못 했다고 욕먹고, 손님들도 막 뭐라고 하고, 매니저도 혼내고.

시급은 얼마나 받았어요? 원래 5,500원이라고 해서 갔어요. 막상 가보니까 수습 기간 끝나야 5,500원이고 수습은 5천원이다, 그래서 알았다 했죠. 근데 월급날 보니까 액수가 생각보다 너무 적은 거예요. 주휴수당 다 빼고, 원래 40만 얼마 받아야 하는데 20만 얼마 받은 거예요. 처음엔 수습이 5,000원이라고 했는데 물어 보니까 오리발 내미는 거죠. 언제 5,000원이라고 그랬냐, 4,500원이라고 했다. 진짜 어이가 없어 갖고.

—〈멜라의 난중알바일기〉(http://alba.or.kr/xe/albaK/790)


알바노동 현장을 돌아다니며 활동가들은 중요한 사실을 깨닫는다. 알바노동은 더 이상 청년 세대의 전유물이 아니었다. "야간 알바들의 실태를 조사하러 갔는데, 영업장에 나이 드신 분이 계셔서 점주인 줄 알았는데 알바인 경우가 많더라. 알바노동이 20~30대만의 일이 아니고 직장에서 잘려 알바를 한다든지 세대를 넘어선 문제라는 것을 알수 있었다." 알바연대 집행부에서 일한 하윤정 씨의 말이다. 누구도 대변하지 않고 어디서도 보호받지 못하는 불안정노동인구가 빠르게 늘어나고 있었다. 그만큼 알바연대 같은 조직이 필요하다는 뜻이다.

2013년 2월 4일, 알바연대는 박근혜 대통령 인수위 앞에서 "알바들이 직접 대통령 당선인에게 최저임금 1만원으로의 인상을 요구하는 엽서 부치기"를 시작한다며 기자회견을 열었다. 청년 알바노동자가 기자회견에 나와 "알바로 먹고살려면 일주일에 몇 시간 일해야 하는지 아느냐, 제발 우리도 쉬고 싶다"며 아픈 사연을 털어놓았다. 이번에는 기자들도 많이 왔고, 기자회견 내용은 사진과 함께 여러 언론에 보도됐다. 문석의 투덜거림이 줄었다. '뭔가 될 것 같아'라는 직감이 왔다.

> 2013년 법정 최저임금은 시급 4,860원이다. 알바가 하루 8시간, 주 5일을 꼬박 일해도, 4대보험과 세금을 떼면 90만원이 안 된다. 사장이 최저임금을 준수하고 주휴수당을 정상적으로 지급할 때 이야기다. 2012년 최저임금위원회가 발표한 1인 노동자 월생계비는 141만원이다. 나머지는 빚져서 생활하란 말인가? 최저임금만으로 최소한의 생활이 가능하도록 해야 한다. 박근혜 당선인이 밝힌 것처럼 8% 올려 봐야 달랑 시급 390원 인상이다. (중략) 알바연대는 '최저임금 1만원'을 요구하는 엽서 쓰기를 대대적으로 확산할 것이다.
> — 권문석이 쓴 알바연대 기자회견문 「알바들이 착해 우리 사장님 망하는 것부터 걱정하는 세상! 최저임금을 1만원으로 올려야 문제 해결이 시작된다」 (강조는 인용자)

## 최저임금은 생활임금이어야 한다

알바연대 집행부는 팀워크를 갖추어 갔다. 집행부에는 문석처럼 작은 정당이나 단체에서 일하며 실무로 단련된 사람이 여럿 있었다. 초반의 혼란이 가시면서, 회의 때는 열 올리며 싸우더라도 일할 때는 "합이 잘 맞았다." 캠페인이든 기자회견이든 거의 자동이었다. 기자회견이 잡히면 A가 기획안 쓰고 B가 현수막 제작하고 C는 보도 자료 만들었다. 이런 활동이 처음인 집행부원들도 경험자의 도움을 받아 빨리 실무를 익혔다.

곧 문석은 자타가 인정하는 알바연대의 '입'이 됐다. 논평, 기자회견문, 보도 자료, 팸플릿 문안 등 알바연대가 세상에 던지는 메시지가 그에게서 나왔다. 그는 놀라운 생산력으로 글을 뽑아냈다. 그의 직책도 자연스럽게 대변인으로 정해졌다. 대변인 문석은 '1만원의 근거'를 찾아 통계와 자료를 뒤졌다. 알바노동자에게 1만원은 인간답게 살기 위한 당연한 금액이지만, 우려하고 반대하는 목소리는 여전히 백배는 더 컸다. 반대의 목소리는 재계, 자영업자, 일반 시민, 아르바이트 당사자, 심지어 노동운동과 진보정당에서도 나왔다. 이들을 설득하고 때로 이들과 싸우려면 정확하고 구체적인 근거가 있어야 했다.

자기가 찾은 근거를 활동가들에게 계속 제공하면서 외우라고 닦달했다. 문석은 자기가 아는 것을 더 널리 알리기 위해 책을 쓰려고 했다. 알바연대를 시작하자마자 문석은 책을 출간할 야심 찬 계획을 세웠다. 그것도 세 권씩이나. 첫째는 '최저임금 1만원' 운동의 정당성을 제시하는 대중서 "최저임금 1만원", 둘째는 알바들의 생생한 이야기를 실은 "알바 100명이 쓰다", 셋째는 자신의 기본소득운동을 망라한 기본소득 교양서. "알바 100명이 쓰다"는 알바연대 활동가들이 알바노동자들을 인터뷰한 내용을 모아 스토리를 구성하려고 했다. "최저임금 1만원"도 목차는 일찌감치 구성했다.

그러나 그는 끝내 이 책들을 출간하지 못했다. 알바노동자 인터뷰는 〈알바 K의 이야기〉로 꾸준히 쌓았으나 책으로 발전시키지 못했다. 기본소득 교양서는 시작하지도 못했다. "최저임금 1만원" 원고는 계속 써 나갔다. 하지만 그럴듯한 책이 될 때까지 묵혀 둘 시간이 없었다. 알바연대와 '최저임금 1만원' 요구에 세상이 주목하고 있었으므로, 이런 때에 활동가들이 손에 들고 다니며 사람들을 설득하고 조직할 무기를 빨리 공급해야 했다. 문석은 쓰던 원고 방향을 수정해 4월 말에 노란색 표지의 소책자 『최저임금을 1만원으로』를 세상에 내놓았

다. 문석이 죽고 1년 후, 문석의 뜻을 이어 2기 알바노조 위원장 박정훈 씨가 『알바들의 유쾌한 반란』을 출간하고 기획자로 권문석의 이름을 올렸다.

『최저임금을 1만원으로』는 매우 급진적이다. 그 일부를 소개한다.

최저임금이 오르면, 중소기업가와 영세자영업자가 힘들다고 주장하는 사람들이 있다. 주로 경총[한국경영자총협회], 전경련[전국경제인연합회] 등의 사용자단체가 그렇게 말한다. 언제나 경제가 어렵기 때문에 장사가 잘 안 되는 영세자영업자들도 힘들다고 말한다. 그러나 이런 주장은 다소 표면적인 이야기다. 최저임금 인상은 가난한 '점주'와 아웅다웅하자는 게 아니며, 점주와 알바노동자가 응당 가져가야 할 몫을 가로채는 자본과 싸우자는 주장이다.

최저임금법의 수혜를 받는 노동자는 258만 명이며 1,751만 명이 적용을 받는다. ……최저시급을 1만원으로 올리면 최저임금 노동자는 얼마의 임금을 받는가? …… 209만원이다. 여기서 4대보험료와 세금을 빼면, 대략 170만원 내외다. …… 최저임금위원회 발표에 따르면, 미혼 1인 노동자의 월 평균 생계비는 1,410,748원(2012년)이다. …… 최저임금이 최소한의 생계비보다 낮아서는 안 된다. 그리고 그 최소한의 생계비는 최저임금이 1만원으로 올라야 벌 수 있다.

노동자의, 아니 모든 사회구성원의 상향 평준화를 위한 기획 중 하나가 바로 최저임금 만원이다. 국민이라면, 사회구성원이라면, 이 땅에 사는 사람이라면 반드시 누려야 할 최소한의 권리가 있다. 안정적이고 깨끗한 집에서 살아야 하며, 건강하고 신선한 음식을 먹어야 한다. 누구나 휴대전화를 가져야 하며, 영화와 연극도 한 달에 한 번씩은 볼 수 있어야 한다. 가족과 친해지고 친구를 사귀려면 돈과 시간이 필요하다. 생활수준을 올린다는 말은 여러 의미가 있겠지만 최소한의 경제적 조건이 뒷받침되어야 한다. 그 시작은 적절한 소득이며, 임금노동을 하지 않으면 먹고살 수 없는 이 시대에, 최저임금은 그 자체로 생활이 가능한 소득이어야 한다. **최저임금은 생활임금이 되어야 한다.**(강조는 인용자)

최저임금이 오르면 영세자영업자에게 부담이 된다. 문석도 그 사실을 알았다. 그러나 자영업자와 알바노동자가 서로 누가 고통이 큰지 경쟁해서는 안 된다. 최저임금 인상 운동은 알바와 자영업자 사이의 싸움을 넘어서야 했다. 프랜차이즈 대기업이 '갑'의 위치를 이용해 영

2013년 3월 알바연대는 프랜차이즈 대기업 네 곳과 고용노동부를 "알바 5적"으로 지목하는 기자회견을 열었다. (출처: 알바연대 · 알바노조 홈페이지)

세 점주에게 뜯는 높은 로열티, 건물주가 가져가는 비싼 임대료 등에 의해 점주들의 여건도 갈수록 악화한다. 점주들은 상대적 약자인 알바노동자에게 부담을 떠넘겨 자기 이익을 보전하려 든다. 이 문제는 알바노동자와 영세 점주 모두를 수탈하는 재벌 대기업을 공격하고, 재벌 대기업의 횡포를 모른 체하는 무책임한 정부를 공격해야 해결의 실마리가 잡힌다.

2월 28일, 알바연대는 '알바 5적 선포' 기자회견을 연다. 프랜차이즈 대기업인 카페베네, 파리바게뜨, 롯데리아, GS25, 이 네 곳과 고용노동부가 "알바 5적"으로 지목됐다. 카페베네는 "등골빼네"로, 롯데리아는 "농노리아"로 풍자했다. 법정 시급의 두 배도 넘는 1만원을 내놓으라는 '황당한' 주장과 함께 등장한 알바연대는 재벌 회장과 정부의 버릇을 고쳐 놓겠다며 '알바 주제에' 겁 없이 싸움을 걸기 시작했다. 기자회견장에는 '동물'들이 대기업 로고를 붙인 커다란 짐을 등에 지고 무거운 듯 돌아 다녔다. 집행부에 있는 하윤정 씨는 직접 쓴 「시일야알바대곡」을 낭독했다. 을사 5적을 규탄한 「시일야방성대곡」의 패러디였다.

아! 원통한지고. 아! 분한지고. 우리 2백만 알바여, 노예 된 알바여! 살았는가, 죽었는가? 쉬지 않고 살기 위해 참고 또 참았는데 최저임금이 쥐꼬리만큼 오르는 걸 보고 있을 텐가. 원통하고 원통하다. 알바여! 알바여!

언론은 정의로운 명분과 감각적인 퍼포먼스가 결합하면 좋아한다. 기자회견장인 서울고용노동부 앞을 기자들이 메우고 플래시를 터트렸다. 알바연대는 "5적"으로 지목한 각각의 대기업 앞에서 매주 기자회견을 열어 "천문학적인 수익을 올리면서 쥐꼬리만 한 최저임금 인상에 반대하느냐"며 호통을 쳤다. 이 역시 시시각각 언론에 올랐다.

「요새 잘나가는 친구들」. 이 시기 한 인터넷 언론 기사의 제목이었다. 기사는 누구를 가리켰을까? 바로 알바연대였다.

알바생이 아니라 알바노동자다

알바연대는 기세를 탔다. 최저임금 인상에 반대하는 한국경영자총협회에서 '알바 활빈당' 차림으로 나타나 "재벌의 재산으로 알바를 구하라" "10대 재벌 개인 주식 33조원으로 알바노동자 137만 명에게 최저시급 1만원을 줄 수 있다"라며 기자회견을 했다. 경총에서 답이 없자 알바연대는 4월 25일에는 조선호텔에서 열리는 경총의 조찬 포럼 행사장으로 뛰어들어 기습 시위를 벌였다. 구교현 씨와 알바연대

2013년 4월 17일 경총 앞에서 알바연대는 '알바활빈당'의 공격이 시작되었음을 알렸다.

활동가들은 "경총 대표님, 대화 좀 합시다"라고 소리치다 경비원에게 끌려 나갔다. 행사는 1시간이나 중단됐다. 문석은 미리 보도 자료를 써 놓고 기자들에게 속보를 타전했다.

알바노동자를 위한 조직이지만, 실제 알바노동자들이 알바연대 활동에 직접 동참하기는 쉽지 않았다. 밤에도 일하고 주말에도 일하느라 시간이 없기 때문이다. 그런 알바들을 위해 알바연대는 노동법 특강 '레알 노동법'과 알바들이 자기 이야기를 하는 자리 '알바들의 수다'를 열었다. 지친 노동에서 하루쯤 벗어나 신나게 놀자는 취지의 콘서트 '알바들의 파티'도 홍대 근처 클럽을 빌려 열었다.

매주 두세 차례의 캠페인, 알바 인터뷰와 실태조사, 기자회견과 시위, 각종 프로그램을 준비하느라 활동가들은 몸이 열 개라도 부족했다. 하지만 신바람이 나서 피로한 줄 몰랐다. 이혜정 씨는 그 시기를 이렇게 회상한다. "나를 아낌없이 '갈아 넣었다.' 야근 정말 많이 했지만 힘든 줄 몰랐다." "우리가 뭔가 만들고 있고 사회가 여기 반응하는 게 신났다." 문석은 집행부들과 담배를 피다가 씩 웃으며 말했다. "늘 헛발질만 했는데, 이번엔 헛발질이 아닌 것 같아."

알바연대가 잘나가니 대변인인 그도 바빴다. 언론의 각종 요청이 쏟아졌다. 알바연대와 '최저임금 1만원' 주장에 대해 인터뷰를 청하기도 하고, 청년 실업이나 청년 노동의 문제에 관한 의견을 묻기도 했다. '힘들어도 성실히 사는 알바생 청년'의 '그림'을 얻으려고 소개를 부탁하기도 했다. 문석은 TV에도 출연했다. '법안 오디션'이라는 콘셉트를 내세우는 tvN 《쿨까당》에 나가 '최저시급 만원법'을 소개했다. "최저임금이 오르면 전체 국민의 40%가 행복해집니다!"

문석은 "알바생"이라는 표현을 "알바노동자"로 바꿔야 한다고 주장했다. 그는 어쩌면 '최저임금 1만원'보다 이것을 더 강조했다. 알바노동자 자신도 "알바생"이라 불리는 것이 익숙했고 언론은 말할 것도 없었다. 알바연대 활동가들도 다르지 않았다. 집행부에서 일한 박종만 씨 말에 따르면, "처음에는 우리도 '알바생'이라는 단어가 더 익숙했다. 회의하다가 '알바생'이라고 하면 문석이 형이 그러면 안 된다고 지적했다."

문석은 "알바생"이라는 표현이 아르바이트노동을 마치 덜 중요한 노동처럼, 그리고 그 일을 하는 사람을 상대적으로 미숙한 사람처럼 여기게 하고 그럼으로써 열악한 노동조건을 합리화한다며, 그런 표현을 쓰지 말자고 사람들을 설득했다. 문석이 보도 자료에 "알바노동자"라고 써서 보내도 언론은 꼭 "알바생"으로 보도하고는 했다. 문석은 일일이 기자에게 전화해 정정을 요청했다. 정정해 주는 언론사는 별로 없었지만, 그냥 "알바"라고 쓰거나 간혹 "알바노동자"라고 쓰는 기사가 하나 둘 늘었다.

알바연대 대변인 권문석이 서울 영풍문고 앞에서 '알바데이' 행사를 치루며 기자들의 질문에 답하고 있다. 그를 기리는 추모제는 언제나 이 자리에서 열린다.

"알바생"은 알바를 하는 대학생들을 가리키는 말이잖아요. 하지만 이제는 단지 학생들만이 알바노동을 하지 않습니다. 알바로 생계를 꾸려나갈 수밖에 없는 사람들이 점점 늘어나고 있어요. 설사 좋은 직업을 가지고 있다 해도, 임금노동자인 한 여지없이 최저임금법의 적용을 받습니다. 그런 점에서 최저임금은 이 시대를 살아가는 모든 사람들이 주목해야 할 문제라고 생각합니다.

— 권문석 알바연대 대변인 인터뷰, '고함20' (2013년 3월 12일)

5월 1일은 세계 노동절이라 서울 시내 곳곳에서 민주노총이 주최하는 집회가 열렸고, 한국노총은 경총과 함께 '노사 상생'의 취지로 노동절 마라톤을 개최했다. 2013년 5월 1일에는 종로 영풍문고 앞에서는 2백여 명의 아르바이트노동자들이 모인 '제1회 알바데이'가 열

2013년 첫 '알바 데이'는 중앙일간신문 1면에 사진과 함께 보도되었다.

렸다. 편의점, 패스트푸드점, 커피전문점의 근무복을 입고 참가한 아르바이트노동자들은 자신들이 겪은 아픔에 대해 이야기했다. "알바로 생활하던 4년 동안 근로자의 날에 쉰 기억이 없다"는 한 청년의 발언에 주변에서 탄식 소리가 나왔다.

'알바데이' 참가자들은 "알바도 노동자다" "최저임금을 1만원으로"라고 쓴 현수막을 크게 펼치고 거리를 행진했다. 리어카에 앰프를 싣고 힙합 하듯 구호를 외쳤다. "우리는 폐기물이 아니다"라고 써 붙인 삼각김밥 탈이 등장했다. "학자금 대출 1400만원, 야간 알바 내 월급 89만원"이라 쓴 등짐을 지게에 진 황소가 느릿느릿 걸었다. "1인 1닭 하고 싶다 최저임금 1만원" "쇠고기 좀 먹어 보자 최저임금 1만원" 같은 구호가 적힌 피켓에 시민들은 웃음을 터트리며 사진을 찍었다.

'알바데이'는 분명 노동문제를 제기하고 있지만 사람들이 아는 노동자 집회와는 크게 달랐다.

'알바데이'는 알바연대가 여러 청년 단체와 함께 조직했으며, 겨울부터 내리 달려온 알바연대의 활동 성과를 모으는 자리였다. 행사장인 영풍문고 앞에 방송사 ENG카메라를 포함해 기자들이 구름처럼 몰려온 것을 보고 문석은 입이 귀에 걸렸다. 대변인인 그는 이어지는 인터뷰 요청에 물 한 모금 못 마시고 떠들면서도 기분이 날아갈 듯했다. 문석은 '말은 어눌하지만 할 말은 하는 사람'이라는 평가를 들어 왔다. 그리고 문석이 하는 말을 비로소 사람들이 듣기 시작했다.

## 8. 마지막 날들

홍대 근처 알바연대 사무실, 문석 책상에는 책이 가득 쌓여 있었다. 문석은 참고 자료를 뒤적거리며 '최저임금 1만원'의 근거, 그에 반대하는 주장을 재반박할 근거를 찾았다. 책상 한 켠에는 딸 도연의 사진을 넣어 제작한 달력을 놓았다. 부인이 만든 달력이었다. 달력을 사무실에 가져온 날 문석은 동료들에게 한참 자랑했다. 그가 지쳐 보이는 날이면 동료들이 물었다. "도연이는 잘 지내요?" 그럼 문석의 얼굴이 환해지며 돌이 안 된 딸이 어제는 무슨 소리를 냈고 어쩌고 떠들고는 했다.

야간 캠페인이나 외부 일정 없는 날이면, 문석은 저녁 6시면 퇴근하려고 했다. 퇴근하면 아내와 저녁을 먹고, 하루 종일 육아에 지친 아내의 수다를 들어주고, 도연이를 목욕시키고 도연이 이부자리를 폈다. 아내와 도연이가 먼저 자리에 누우면 문석은 거실 소파에서 TV를 봤다. 일과 육아의 틈에서 그의 휴식처는 TV였다. 야구장에 못 간 지

2013년 5월, 아직 돌이 안 된 딸 도연과 함께.

도 꽤 됐다. 프로야구 결과를 소개하는 《아이러브베이스볼》과 코미디 프로 《SNL 코리아》를 그는 즐겨 보았다.

강서희 씨는 문득문득 문석의 얼굴이 피곤해 보인다고 생각했다. 일이 많아 그러려니 했다. 문석 아버지도 문석 부부와 식사하고 나서 "애가 얼굴이 안 좋다"고 문석 누나에게 말했다. 점심을 먹고 문석이 사무실에서 깜빡깜빡 조는 일이 늘었다. '저 형도 나이가 들었나 보네'라고 이혜정 씨는 마음속으로 중얼거렸다.

알바연대는 점점 더 바빴다. 2013년 5월 중순에 서울 지역 대학가 알바노동 실태를 조사했다. 152명을 상대로 조사해 보니 53%가 근로계약서를 쓰지 않았으며 77%가 주휴수당을 받지 못했고 4대보험 대상자의 80%가 보험 가입이 안 되어 있었다. 실태조사 결과를 언론에 알렸다. 무엇보다 최저임금위원회가 열리는 6월이 다가오고 있었다. 알바연대는 이 시기에 논현동 최저임금위원회 앞에서 시끌벅적한 농성을 계획했다. 문석은 최저임금위원회 앞 농성을 일찌감치 구상했다.

최저임금위원회에서는 매년 노동자 대표들이 1,000원 정도 인상을 주장하고 사용자 대표들은 동결 또는 몇 십원 인상을 주장하여 다투다가 정부 대표가 내놓은 몇 백원 인상의 중재안에 합의하는 일이 되풀이됐다. 마치 사회적 합의를 이룬 양 말하지만 실상은 최저임금으로 일하는 수백 만 노동자의 아픔은 전혀 반영하지 못했다. '이상한 사회적 합의 기구'인 최저임금위원회의 허구성을 깨야 최저임금 인상의 길이 열린다. 알바연대는 최저임금위원회에 맞서 싸우는 '최저임금1만원위원회'를 만들자고 여러 단체와 개인에게 제안했다.

문석은 5월 7일 민주노총 서울본부에서 주최하는 '최저임금 토론회'에 알바연대 발표자로 나가서 '숫자에 집착하는' 기존 노동운동을 비판했다. 민주노총과 진보적 사회운동 단체들은 최저임금을 전체 노동자의 평균임금의 50%로 올리자고 주장해 왔다. 문석이 볼 때 이런 주장은 문제가 있었다. 정규직, 비정규직, 알바, 단기 알바 등 노동 형태가 극도로 다양해지고 임금 격차가 크게 벌어진 지금, 전체 노동자의 평균임금이라는 개념은 허상일 뿐이다.

숫자에 집착하는 싸움을 경계하자. 어차피 최저임금 인상 운동은 임금 인상 투쟁이다. 사용자 단체의 의견이 언제나 '경제 전문가의 의견'이 된다. 그들의 해괴한 주장을 말싸움으로 이기기는 어렵다. (중략) 열악한 조건의 사람들이 직접 말하는 기획이 필요하다.
— 권문석의 민주노총 서울본부 최저임금 토론회 토론문 「최저임금 1만원 운동의 목표」

먹고살기 위해 이 만큼은 받아야겠다고 말하는 노동자와 이윤을 늘리기 위해 이 이상은 못 주겠다는 경영자가 대립할 때 숫자는 그저 표면적인 이유에 불과하다. 최저임금을 '경영자가 얼마까지 허락하는가' 기준으로 이해해 온 기존의 사고를 바꿔야 한다. "노동자의 필요에 따라 임금을 재구성하는 싸움"을 하자고 문석은 힘주어 말했다. '중소기업이 어렵다'며 최저임금 인상에 반대하는 재벌이 한편으로는 '조세 회피처'로 돈을 빼돌린다. 노동자가 알아서 먼저 양보해야 하는 이유가 있는가?

그래서 문석은 「알바연대가 경총에 묻습니다」라는 글을 신문에 기고해, 재벌 대기업들이 모인 경총의 최저임금 인상 반대 논리는 근거가 매우 빈약하다고 비꼬았다. 최저임금을 올리면 중소 상공인이 힘들다며 편드는 것처럼 하지만, 정작 납품 단가에 임금 인상률을 반영하지 않아 중소 상공인을 힘들게 하는 이들은 바로 '슈퍼 갑' 대기업들이 아닌가?

한 중소기업 사장은 "최저임금은 매년 상승하는데 납품 단가에 임금 인상률이 반영되지 않고 있어 임금 인상률 부분도 매년 단가를 조정하도록 하도급법에 법제화할 필요가 있다"고 역설하기도 했습니다. 경총은 매년 중소 상공인이 힘들어진다는 이유로 최저임금 인상을 반대해 왔습니다. 중소 상공인을 살리려면 재벌들의 잘못된 관행과 불법행위를 근절할 대책이 필요하다고 판단됩니다만, 이에 대한 경총의 의견은 무엇입니까? (중략)
지난해(2012년) 통계청에서는 34살 이하 1인 노동자 평균 생계비를 163만원(시급 7,790원)으로 발표했습니다. 지난해 기준 OECD 가입국의 최저시급 평균은 한국 4860원의 1.8배인 시급 8700원에 달합니다. 그런데 경총은 지난해 최저임금위원회에서 월 80만원

(시급 3,820원) 정도가 적정 생계비라고 주장하셨습니다. 어떻게 해서 이런 결과가 나왔는지 몹시 궁금합니다만, 그 근거를 알려주시기 바랍니다.

- 권문석이 '알바연대' 이름으로 쓴 기고문, 「알바연대가 경총에게 묻습니다」, 2013년 5월 22일 『한겨레』.

5월 30일, 알바연대는 '최저임금1만원위원회를 같이 만들자'고 제안하는 기자회견을 논현동 최저임금위원회 앞에서 열었다. 초동 모임에 함께한 단체들(알바연대, 청년좌파, 청소년노동인권네트워크, 충남비정규직지원센터, 혁명기도원, 회기동 단편선, 진보신당 청소년위원회, 지구지역행동네트워크, 두런두런)의 공동 제안 형식이었다. 이들은 서구 청년들이 68혁명을 일으켰다면 한국에서는 '6·8 최저임금1만원 대회'로 모여 삶을 바꿔 보자고 했다. 이날 문석이 배포한 기자회견문은 그가 생전에 마지막으로 사회에 던진 '메시지'다. 인간을 "비용"으로 보지 말라는 서늘한 분노가 그의 글에서 불어온다.

6월은 최저임금 결정 시기입니다. 최저임금위원회가 우리들의 삶을 100원어치 허용할지, 300원어치 허용할지를 정하는 시기입니다. 최저임금위원회의 회의 수당은 매년 무슨 기준에선지 대폭 오르지만, 그들이 결정하는 최저임금은 몇 백원 수준에서 왔다 갔다 합니다. "최저임금은 근로자의 생계비, 유사 근로자의 임금, 노동생산성 및 소득분배율 등을 고려하여 정한다"는 법 조항이 있지만, 최저임금위원회는 이마저도 비웃고 있습니다. 최저임금위원회가 최저임금을 정하는 기준은 "경영자가 얼마까지 허락하는가"뿐입니다.

노동자의 반은 최저임금 액수가 곧 소득이고, 그조차도 받지 못하는 경우도 태반입니다. 최저임금은 그저 경영자가 이윤을 내기 위한 "비용"으로만 이야기되고 있습니다. 그러나 우리는 그 기준에 반대합니다. 소득의 목적은 인간의 삶이 되어야 합니다. 인간이 인간답게 살아갈 권리보다 경영자의 경영 방침이 앞서는 사회는 명백히 잘못되었습니다. 우리는 노동자의 소득을 비용으로 생각하는 것에 반대합니다. 일은 삶을 생산하기 위한 것이어야 합니다. 임금은, 더 나아가 소득은 교육과 문화생활을 비롯해 충분한 삶을 살기 위한 비용이 되어야 합니다. 우리는 최저임금 산정에 대한 비인간적 기준에 반기를 들며, 이에 동의하는 단체 및 개인과 함께 '최저임금1만원위원회'를 만들고자 합니다.

— 권문석이 쓴 기자회견문, 「최저임금1만원위원회에 함께할 것을 제안합니다」 (강조는 인용자)


이틀 뒤 토요일인 6월 1일은 문석이 꼭 필요하다고 여겨 기획한 '최저임금 1만원 아카데미 종일 특강' 날이었다. "아직 활동가들이 너무 무식하다. 사용자 논리를 깨려면 제대로 알아야 한다." 문석은 걱정이 많았다. '최저임금 1만원'을 요구하는 농성을 성공적으로 조직하려면 활동가들이 논리와 근거로 무장하고 알바노동자들을 설득할 수 있어야 했다. 문석은 최저임금에 관한 각종 자료를 모은 150쪽 분량의 문서를 만들어 특강 장소인 서울 홍익대학교 근처 가톨릭청년회관으로 갔다.

특강에는 활동가 20여 명이 참가했다. 오전 10시부터 여러 강의가 이어졌고 2시부터 문석이 맡은 '최저임금 1만원의 매우 구체적인 근거와 경총 등 사용자 논리 비판'이라는 긴 이름의 강의가 시작됐다.

욕심이 과했다. "자료가 너무 많아서 하나하나의 자료를 소개하는 정도에 그치고 말았다"라고 알바연대 집행위원장 구교현 씨는 회상한다. 문석은 참가자들에게 '왜 최저임금을 1만원으로 올려야 하는가'라는 주제로 A4 2~3쪽 분량의 보고서를 제출하라고 당부했다. 6월 5일 밤 11시까지 자신의 이메일로 보내라면서, "친절하게 빨간 펜을 그어 드리겠다"라고 농담인지 협박인지 모를 소리를 덧붙였다.

행사 후 사람들은 뒤풀이 장소로 가고, 문석은 저녁도 안 먹고 집에 가 봐야 한다고 먼저 떠났다. 아내는 아이를 데리고 친정에 놀러 가 있었다. 문석은 집 청소를 깨끗이 해 놓고 아내와 딸을 기다렸다. 늘 하던 대로 아기를 씻겼고, 아내가 방에서 아기에게 젖을 물리는 동안 거실에 나와 TV를 봤다. 방에 다시 들어가니 아내가 잠들어 있어 이불을 끌어올려 주고 나왔다. 거실 소파에 푹 파묻혀 TV 채널을 이리저리 틀었다. 목이 아팠다. 가슴이 조금 답답했다. '오늘 무리했나?'

피로가 몰려왔다. 몸이 무거웠다.

눈을 감았다.

# 에필로그

그날, 아이가 울었다. 남편이 보이지 않았다. 새벽 텔레비전 소리.
아이가 칭얼댔다. 거실에 남편이 모로 누워 있었다. 웃통을 벗은
채. 식은 몸. 다리도 푸르스름했다. 119. 다리가 떨렸다. "심폐소생
술 할 줄 아세요?" 수화기에서 들리는 목소리가 아득했다. 소방대
원이 똑바로 눕히라고 말했다. 심장이 두방망이질했다. 소파에서
바닥으로 남편을 뉘었다. 몸이 천근만근 돌덩이였다. 첫돌을 두 달
앞둔 딸아이가 엉금엉금 기어 나왔다. "아빠"라고 불렀다. 숨졌구
나, 생각이 들었다. 2013년 6월 2일 일요일 새벽 3시, 병원에 실려
온 남편은 소생이 어려웠다. 권문석(당시 35살)의 심장은 다시 뜨
거워지지 못했다.
– 「들리나요? 이제야 1만원 이야기꽃이 피는데」, 『한겨레 21』 제
1055호 2015년 4월 1일

일요일 아침, 권문석을 아는 사람들은 한 통의 핸드폰 문자 메시지를 받았다.

'권문석 동지가 세브란스 병원 영안실에 있답니다.'

사람들은 문장의 뜻을 이해하지 못하기도 하고, '무슨 이런 장난을 치지?'라고 화를 내기도 했다. 공권력에 의해 누군가 시위 도중 불의한 죽음을 당하여 그 시신을 지키는 투쟁 현장에 문석이 가 있다는 말로 이해한 사람도 있었다. 최근 들어 두 다리로 세상을 딱 밟고 자신감이 넘쳐 보이던 문석이 갑자기 세상을 떠났다는 말을 받아들이기는 결코 쉽지 않았다.

영결식장은 사람들로 꽉 찼다. 문석의 죽음이 안긴 충격만큼이나 그의 삶이 주변에 미친 영향이 그만큼 컸기 때문이다. 사람들은 문석이 날벼락처럼 간 이유를 서로에게 물었다. 30대 중반 남자에게 흔하지는 않아도 없지도 않은 심장마비 돌연사. 하지만 그 이유는 침통함을 더할 뿐이었다. 조문객들의 얼굴은 눈물로 얼룩지는 데 비해 영정 속 그의 얼굴은 젊음으로 너무나 환히 빛나고 있었다.

영결식을 치르고 며칠 뒤, 대변인을 잃은 알바연대는 최저임금위원회 앞에서 '최저임금 1만 원 노숙농성'을 시작했다. 농성 참가자들은 한쪽에 문석의 영정을 설치한 추모 공간을 마련해 두고, 그 옆에서 마치 바캉스라도 온 듯 해변 복장을 입고 농성을 '즐겼다.' 흥겨운 춤, 활기찬 노래 그리고 "알바도 노동자다" "우리도 쉬고 싶다"는 구호가 농성장을 채웠다. 흔히 보기 힘든 희한한 농성이 진행되는 동안, 영정 속의 문석은 그 모습을 조용히 지켜보고 있었다.

노숙농성은 27일간 이어졌다. 그 다음 해인 2014년의 최저임금은

7.2% 올라 5,210원이 되었다. 그러나 2013년 알바연대 최대의 성과는 바로 아르바이트노동조합('알바노조')의 결성이었다. 알바연대는 노조 설립 요건을 갖춰 고용노동부에 신고했고, 2013년 8월 7일에 설립 신고증을 받았다. 알바노조는 우리나라 최초의 아르바이트 노동조합이 되었다. 알바노조는 설립한 그해 두 건의 단체협약 체결에 성공했다. 알바노조 탄생은, 그동안 사장님과 알바생의 '인간적 관계' 속에 감추어진 노동착취와 부당노동행위를 고용주와 노동자의 제도적 관계 속에 바로잡아 간다는 중요한 사회적 의미를 지닌다. 우리 사회 노동 구조의 가장 밑바닥에 있는 알바노동자에게도 대변자가 등장한 것이다.

최저임금을 1만원으로 올리자는 요구 역시 빠른 속도로 사회에 확산되었다. 이 의제는 청년들에게 점점 뜨거운 호응을 얻었고, 진보 세력들이 하나둘 수용하더니, 2015년에 민주노총이 '최저임금 1만원' 요구를 공식 입장으로 채택하였다. 촛불혁명 이후 출범한 문재인 정부도, '2020년까지'라는 조건을 붙이기는 하였지만, 그 요구를 받아들였다. 2018년 최저임금은 전년 6,470원에서 16.4% 오른 7,530원으로 결정되었다. 이 모든 것은 분명히 획기적인 변화다.

모든 변화가 시작되는 순간에는 "미친 소리로군" 하는 비웃음에 아랑곳하지 않고 제 주장을 밀고 가는 사람들이 있다. 권문석이 그런 사람이다. "이게 왜 미친 소리냐? 여기에 정당한 근거가 있다"라며 구체적인 사실을 가지고 와 한 사람 한 사람 설득했다. 권문석이 헌신한 기본소득운동과 최저임금 1만원 운동은 사회적 시민권을 얻었고, 그 실현은 단지 시간문제로 보인다. 지금 그가 있다면 또 어떤 '터무니없는' 의제를 찾아 새로운 '미친 소리'를 하며 다니고 있을까. 그건 '최저임금 2만원', '전 지구적 기본소득'일지도 모른다. 그는 늘 앞서 가는 사람이었다. 안타깝게도, 너무 앞서가 버리고 말았지만.

 사람이 사람답게 사는 세상을 꿈꾸며 기본소득과 최저임금 1만원을 외친 권문석.
 '알바생'이 아닌 '알바 노동자'를 세상의 공식 언어로 만든 권문석.

 그는 참으로 '우공' 같은 사회운동가였다.

 권문석의 삶에 대해 이 약전이 보여주는 것은 아주 일부일 뿐이다. 약전을 디딤돌로 기억의 조각들이 더 모여 그의 성실한 삶과 앞서 간 생각을 온전히 보여 주게 되기를 기대한다.

# 제2부 권문석을 기억하는 사람들

## 대담 또는 기록

[대담]

# 알바연대 동료 활동가들
## "권문석과 있을 때 우리는 함께 빛났다"

권문석은 '알바들의 대변인'이라고도 불린다. 세상을 떠나기 전 그가 '알바연대'의 대변인으로 활동했기 때문이다. 2013년에 권문석과 알바연대 집행국으로 일한 동료들이 모여 그에 대한 이야기를 나눴다. 알바연대는 2013년 1월에 출범했으며 '최저임금을 1만 원으로'를 주장하여 화제를 모았다. 권문석이 죽고 나서 알바연대는 아르바이트노동조합('알바노조') 설립 신고를 냈고, 8월 7일 고용노동부로부터 설립 신고증을 받았다. 알바노조는 한국 최초의 아르바이트 노동조합이다.

대담은 2018년 2월 26일 홍익대 근처에서 이루어졌다.

참가자: 구교현(전 알바연대 집행위원장, 알바노조 1기 위원장), 문미현(전 알바연대 상담팀), 박종만(전 알바연대 기획홍보팀장), 엄선미(전 알바연대 홍보팀), 용혜인(전 청년좌파 대표), 이혜정(전 알바연대 상담팀장), 하윤정(전 알바연대 회원관리팀).
진행 및 정리: 오준호
사진: 엄선미

위쪽 왼쪽부터 시계 방향으로 박종만, 구교현, 문미현, 용혜인, 이혜정, 하윤정, 오준호.

## 권문석, 재미는 없는 친구였지만

**오준호** 반갑다. 우선 권문석에 대한 기억을 하나씩 들려 달라.

**구교현** 나는 알바연대에서 집행위원장이었다. 2012년 겨울에 '청소노동자 대통령' 김순자 후보 선거운동을 하면서 문석이와 이 선거가 끝나면 무엇을 해야 할까 이야기를 많이 나누었다. 얼굴 안 지는 오래 됐는데 같은 공간에서 자주 이야기한 건 그때가 처음이었어. 문석이는 "야, 그거 좋겠다" "우리 이걸 하자"고 하는 스타일이 아니라, 내가 이런저런 제안을 하면 그건 뭐가 문제고 왜 안 되는지 지적하는 친구라서 대화가 재미가 없었다.

**참가자들** (웃음) 맞아, 맞아.

**구교현** 알바연대 출범을 알리는 기자회견을 2013년 1월 2일에 했다. 처음이라 준비가 잘 안 됐다. 준비물을 대충 챙겨 기자회견을 열기로 한 장소에 갔는데 앰프와 마이크를 연결하는 잭이 없었다. 이 상황이 매우 답답했는데, 권문석이 그 상황에서 준비가 잘 안 됐다고 나를 질타하는 말을 하더라. 날씨도 겁나게 춥고, 권문석은 자기가 준비를 잘 안 하고 나를 질타하니 기가 막혔어. 잭을 사 오게 했는데 기자회견에 아무도 안 오고 우리뿐이었다. 기자 없는 기자회견을 지나가는 차에 대고 했다. 그 후에도 회의 자리에서 문석이와 내가 많이 부딪쳤다.

**박종만** 나는 당시 기획홍보팀에서 선전물 디자인을 많이 했다. 알바연대 초반에 회의 때마다 집행위원장과 대변인이 싸웠다. 문석이 형을 보면서 '왜 말을 저렇게 할까' 생각했다.

**문미현** 나는 상담팀이었다. 나는 다른 집행국들과는 달리 이전에 운동 경험이 없었는데, 문석이 형은 내가 편하게 얘기할 수 있는 사람이었다. 홍보 일을 시작하면서 배우던 시기였는데, 문석이 형이 디자이너 아내 분에게 브로슈어를 몇 개 얻어 가지고 와서 "연습 삼아 이대로 만들어 보면 실력이 는다고 하더라"했다. 나를 생각해 주는 마음에 감동했다. 형이 마지막에 한 '최저임금 1만원 종일 특강'에서 형이 너무 어렵게 해서 반응이 별로였는데, 그때 "형, 수고했어" 하는 말을 해 주지 못한 게 아쉽다.

**용혜인** 나는 2013년 당시 청년좌파에 있으면서 알바연대와 같은 사무실을 썼고 '알바데이'를 같이 준비했다. 문석 선배를 오래 알고 지내지는 못했는데 기억에 남는 장면이 있다. 문석이 형 책상에는 늘 책이 한 가득 쌓여 있었다. 또 아침에 컵을 들고 물을 사무실 여기저기 뿌리면서 말을 걸었다. (참가자들 웃음) 건조하지 말라고 물을 뿌렸다. 돌아가시기 전날, '종일 특강' 끝나고 형과 같이 가톨릭청년회관에서 사무실로 걸어가는데, 앞에 아기 엄마가 띠에 애기를 싸서 매고 가는 걸 봤다. 물어보지도 않았는데 형이 "저 띠는 백일 이하 아기만 안을 수 있는 띠야"하고 설명해 주던 기억이 난다.

**오준호** 자기가 아기 키우면서 알게 된 모양이네.

**용혜인** 1월 2일 기자회견은 정말 춥고 기자도 없고 참가자도 열 명이 안 됐다. 그렇게 시작했는데 5월 1일 알바데이에 기자들이 엄청 왔고 방송사 카메라도 왔다. 문석이 형이 방송사 카메라와 인터뷰하는 모습이 너무 신나 보였다.

**이혜정** 나는 알바연대 상담팀장이었다. 사회당 중앙당 시절부터 문석 형과 같이 일했다. 사실 당에 있을 때는 사이가 좀 안 좋았다. 처음에는 내가 복사기를 잘 못 다뤄서 우물쭈물하는데 문석 형이 "넌 이런 것도 못하냐"고 해서 속상해서 울었어. 당시 이선주 사무총장이 문석이 형에게 한 번만 더 혜정이에게 그러면 가만 안 둔다고 혼냈다. 문석이 형이 내 옆자리였는데, 자기가 아는 건 말해 줘야 직성이 풀리는 성격이었다. 이 형이 축구를 좋아한다. 인터넷을 보다가 "맨유가 이겼네" 한다. 잠자코 있으면 한 오 분 뒤에 "와, 맨유가 이기다니" 한다. "그래요?" 하고 대꾸하면 그때부터 한 30분 이야기한다. 맨유가 어떤 팀이고 누가 잘 하고, 어쩌고저쩌고. 알바연대에 오니 문석이 형이 다시 옆자리였다. 결혼한 후에 얘기 주제가 늘었다. 빅뱅, 소녀시대, 그리고 도연이. 형이 우울해 보이면 "도연이는 잘 지내요?" 하면 우리 도연이가 어제는 뭘 했고 하면서 신이 났다.

**오준호** 문석이 스타일 때문에 고생을 많이 한 모양이다(웃음).

**이혜정** 형 말투가 좀 날카롭기는 했다. 하지만 조언을 구하면 물어본 것보다 훨씬 많은 답을 해 주는 사람이었어. 그리고 정말 열성적이었다. 최저임금 올려야 할 근거에 대해 끊임없이 연구하고 배포했다. 알바데이에 카메라가 너무 많이 오니까 형이 흥분했다. 형한테 뭘 시켜도 군말이 없었다. "형 저기 인터뷰 요청 왔는데 빨리 해요" 하면 "응, 알았어!" 하며 보도 자료 옆에 끼고 달려가더라. 뒤풀이도 좋아했는데, 술을 먹어도 그 다음 날 아침 9시에 출근했다.

**하윤정** 알바연대 회원팀에서 일했다. 실은 문석 선배에 대한 감정이 좋지는 않았다. 혜정 언니가 부탁해서 사무실에 필요한 중고 테이블을 사 왔는데, 문석 선배가 비싸게 샀다고 뭐라고 타박했다. 기껏 사 왔더니 뭐라고 해서 속이 상했는데 말은 못하고 마음에 담아 두었다. 돌아가시기 일주일 전에 문석 선배와 나만 사무실에 있는데 나에게 같이 저녁을 먹자고 했다. 좀 감정이 상해 있는 상황인데 아무튼 밥을 먹었다. 커피도 한잔하자고 해서 따라갔다. 정확히는 기억이 안 나지만 내가 졸업 후 여기서 활동하니까 조언을 해 주려고 한 것 같다. 그리고 '도연이 달력'을 사무실에 가져와서 올려놓고 자랑했던 기억이 난다.

**참가자들** '도연이 달력' 기억난다.

**하윤정** 2013년 3월에 알바연대에서 '최저임금 1만원 토론회'를 조직했는데, 내가 발제를 했다. 문석 형이 내게 발표자 하라고 제안하고 발표문의 초안을 잡아 줬다. 그게 내가 어디 가서 '최저임금 1만원'의 이유를 제시한 최초의 발표문으로 기억한다. 말하기 편하게 내가 조금 수정했더니, 문석이 형이 수정한 글이 좋다고 해서 그걸로 발표했다. 우석훈 교수, 단편선, 기본소득청소년네트워크가 발표자로 참가한 토론회였다.

**엄선미** 알바연대 홍보팀이었다. 문석이 형과는 사회당 시절부터 같이 일했다. 형이 사회당 기본소득위원장이었는데 진보신당과 합당하고 위원회가 없어졌다. 하지만 형이 기본소득위원회 준비위원장을 자임하고 진보신당으로 출근했다. 당시 진보신당 중앙당에는 기본소득 운동에 반대하는 사람들도 있었지만, 문석이 형이 있으니 대놓고 반대하지는 못했던 것 같다. 알바연대는, 그 전까지는 주어진 실무를 떠안아야 했던 문석이 형에게는 처음으로 스스로 만들어 가는 운동이었다.

나도 문석이 형처럼 항상 주어진 업무 위주로 일하다가, 형과 알바연대에서 일하면서 정말 즐거웠다. 우리는 그 당시 마치 내일이 안 올 것처럼 일했다. 오늘이 값져야 그게 가능한 거잖아. 또 알바연대에서 나와 문석 형만 아이를 키워서 같이 수다도 많이 떨었다.

## 세상에 알바연대의 탄생을 알리다

**오준호** 알바연대 활동에 초점을 맞춰서 이야기해 보자. 처음에는 조직의 꼴을 갖추고 조직을 알리기 위해 바빴겠다.

**구교현** 김순자 후보 선거운동을 하며 모인 사람들과 이후 운동을 고민했는데, 나도 문석이도 우리 사회에서 가장 바닥에 있는 비정규불안정노동자들을 조직하는 운동을 해야 한다고 생각했다. 문석이는 기본소득운동을 줄곧 해 왔지만, 대중적 기반을 만들지 못했다는 고민이 있었다. 그래서 김순자 선거운동할 때 '알바들의 대통령'을 내걸었으니, 비정규직 중에서도 특수한 경우인 알바를 이슈로 대중운동을 해보자고 생각했다. 이에 공감한 사람들이 알바연대를 만들었다. 2017년 1월 2일에 기자회견하면서 일단 시작했지만 뭘 할지 정한 게 없었다. 우선 알바노동자를 만나자고 했고, 그래서 1월 내내 만나고 다녔다.

**이혜정** 최저임금이 얼마인지도 모르고 시작했다. 출범 기자회견하고 일주일 내내 회의하고 최저임금에 대해 공부했다. '최저임금 1만 원' 캠페인을 하기로 했는데, 즐겁게 하고 싶었다. 구글을 검색해 동물 옷을 찾아냈다. 수면 잠옷인데, 입고 캠페인하면 재미있을 것 같았다. 벌, 개미, 당나귀 옷 같은 것을 주문했다. 의미 부여는 나중에 했다. 알바처럼 열심히 일하는 동물들이라고. 동물 옷 입고 1월 중순부터 홍대와 신촌으로 야간 캠페인을 나갔다. 문석이 형도 재미있어 했다.

**구교현** 아르바이트 노동문제를 그때까지 누구도 이야기하지 않아서 우리가 시작하니 관심을 끌었다. 박근혜 인수위 앞에 가서 기자회견을 해 보자고 했다. 박근혜도 최저임금을 8% 정도 올린다고 이야기하고 있었다. '그래 봐야 350원 정도 올려 5,000원 남짓인데 그걸로 안 된다 당장 1만원으로 올려라,' 이런 내용으로 2월 4일 기자회견 했다. 언론의 반응이 뜨거웠다. 그때부터 권문석도 분위기가 달라졌다. 1만원 주장의 논리적 근거를 만드는 데 몰두하기 시작했다. 각자에게 자신감이 생겼다.

**엄선미** 최저임금을 1만원으로 올리자고 하니까 우리를 보는 시민들의 눈에 정말 기대감, 설렘이 비치는 게 느껴졌다.

**문미현** 알바들을 만나러 편의점, 커피 전문점에 찾아갔다. 처음에는 우리도 쭈뼛거렸지만, 사람들이 우리 주장에 동의하니까 힘이 나더라. '알바연대'라고 하니까 알바하면서 겪는 어려움을 상담하려는 전화도 왔다. 되는구나 하는 자신감이 생겼다.

**오준호** 처음에는 좌충우돌하면서 힘도 많이 들었을 텐데.

**문미현** 나는 김순자 캠프하면서 이들과 만났다. 직장 다니다가 사회운동을 해 보려고 알바연대에 왔다. 나는 내 시간도 중요하고 그랬는데, 이 사람들은 이 일 못해서 안달이더라. 캠페인 가자고 하면 눈빛 반짝이면서 다 달려가더라. 같이 오래 활동한 관계라 그런지 합이 잘 맞고 능률이 높았다. 처음에는 좀 삐거덕대기도 했지만 나중에는 확실히 한 팀이 됐다.

**엄선미** 알바들 인터뷰도 많이 했다. 인터뷰 모아 책 내기로 해서, 다들 열심히 만나러 다녔다.

**용혜인** 야간 알바들은 밤에 일하고 아침에 퇴근해서 자고 또 일어나 출근해야 한다. 평범한 인간관계를 유지하기 힘들다. 우리가 편의

점에 들어가 이야기를 걸면 좋아하면서 말을 많이 하더라. 그분들에게
말할 공간을 만들어 주자는 취지에서 '알수다(알바들의 수다)'라는
행사도 했다.

**이혜정** 화요일과 목요일에는 야간 캠페인, 토요일에는 주간 캠페인
을 나갔고, 시간 내서 최승현 노무사의 도움을 받아 노동법을 공부했
다. 알바들이 물어보면 대답할 수 있어야 하니까. '최저임금 1만원'을
내걸고 시작하기는 했는데, 시작하니까 최저임금도 못 받는 알바들이
너무 많고 노동법 위반도 엄청 많더라. 이슈가 하도 많아서 계속 기자
회견을 했다. 2월부터 그해 9월까지 일 주일에 한두 건씩 30여 차례 기
자회견을 했다.

**오준호** "알바 5적"을 지목하고 공격하는 운동이 신선했다. 그 운동
은 어떻게 시작하게 됐나?

**구교현** 편의점 점주도 자살하는 등 영세자영업자도 대기업 앞에서
는 '을'이었다. 알바노동자의 문제는 자영업자와의 관계만으로는 해
결할 수 없고 대기업의 착취를 해결해야 한다. 그래야 최저임금도 올
릴 수 있다. 그래서 대기업에 주목했다. 매출액 크고 영업장 많고 문제
많이 드러난 기업들을 찾아서 카페베네, 파리바게뜨, GS25, 롯데리아로
정했다.

**이혜정** 교현 형이 "알바 5적" 운동을 하자고 해서 네 군데는 찾았
다. 나머지 하나는 무엇으로 할까 하다가 고용노동부로 하기로 했다.
그 다음 문석이 형은 기자회견 제목과 문구를 뽑아 보도 자료 썼다. 나
는 기자회견 기획하고 장소 알아보고 발언자 섭외하고.

**오준호** "알바 5적" 기자회견에서 「시일야알바대곡」을 발표해 화제
였다. 누구 작품인가?

**하윤정** 내가 썼다. 을사조약(1905년) 맺어질 때 나온 장지연의 「시

일야방성대곡」을 패러디해 봤다. "그때는 '을사 5적', 지금은 '알바 5적'". 갑자기 떠오른 아이디어였는데, 아이디어가 있으면 일단 해 보자는 분위기였다. 각자 아이디어를 막 던지고 그중에서 일을 찾아냈다.

**구교현** 시작하는 운동이라 몸이 가벼웠던 것 같다. 하고 싶은 대로 해 보라며 후원해 주는 사람들도 많았고.

## '알바생'이 아니라 '알바노동자'라니까

**오준호** "알바생"이라는 표현을 "알바노동자"로 바꾸기 위해 많이 노력한 것으로 안다.

**이혜정** 그건 백 퍼센트 문석이 형의 노력이다.

**참가자들** 맞아, 맞아.

**박종만** 처음에는 우리도 "알바생"이라는 단어가 더 익숙했다. 회의하다가 "알바생"이라고 하면 문석이 형이 그러면 안 된다고 지적했다.

**하윤정** 야간 알바들의 실태를 조사하러 가면, 영업장에 나이 드신 분이 계셔서 점주인 줄 알았는데 알바인 경우가 많더라. 알바노동이 20~30대만의 일이 아니고 직장에서 잘려 알바를 한다든지 세대를 넘어선 문제라는 것을 알 수 있었다. 한 사람 한 사람의 스토리가 우리가 하는 운동의 정당성을 느끼게 해 주었다.

**엄선미** 문석이 형은 보도 자료에 "알바노동자"로 써서 보내는데 기자가 "알바생"이라고 써서 내보내면 일일이 전화해 항의했다.

**오준호** 5월 1일 메이데이(세계 노동절)에 별도로 '알바데이' 행사를 열어 주목을 받았다. 기존의 노동운동이 알바들의 목소리를 담지 못한다고 인식했나?

**구교현** 노동절에 그동안 알바노동자들의 이야기가 없는 거 아니냐는 문제의식이 있었다. 사실 대부분의 알바들은 노동절에 쉬지도 못한다. 그런 알바들을 쉬게 하자, 모아 보자는 의도와 함께 그간 활동한 성과를 모으는 계기로 삼으려고 했다. 알바연대, 청년좌파 등 여러 단체가 같이 준비했다.

**문미현** 알바들을 불러내 같이 쉬고 즐겁게 놀자고 생각했다. 단순한 집회 행진처럼 하지 말고 흥겨운 퍼레이드를 기획하려 했다. 리어카에 앰프 실어서 끌면서.

**이혜정** 주류 언론이 우리에게 관심을 가진 이유에는 '불쌍한 알바'라는 이미지도 있었다. 불쌍한 청년들이 법 좀 지켜 달라고 호소하는 이미지. 좋은 것은 아니지만 문제 해결을 위해서 어느 정도 필요하기도 했다. 또 우리가 발랄하게 활동하고, '최저임금 1만원'이 기존 운동단체에 비해 급진적인 주장이기도 하고. 언론은 "1인 1닭 하고 싶다 최저임금 1만원" "쇠고기 좀 먹고 싶다 최저임금 1만원" 이런 말을 우리가 하면 좋아했다.

**문미현** 청년들을 만날 때는 "숨만 쉬고 살 수 없다, 연애도 하고 여가시간도 챙기려면 적어도 1만원은 필요하다"라며 설득했다. 1만원이 권리라는 생각과 함께 운동이 확대됐다.

**이혜정** 문석이 형은 늘 1만원의 근거를 찾아 연구했다. 캠페인 가기 전에 형이 "이거 OECD 자룐데 읽어 봐" "빅맥지수에 대한 자룐데 봐라" 하면서 이것저것 자료를 주고 외우라고 했다. 아무래도 사람들에게 말할 때 수치가 나오면 귀를 기울이니까. 형은 계속 논리를 개발하면서 우리가 똑같이 다 알아야 한다고 생각했다.

**문미현** 한번은 최저임금 운동에 관해 문석 형이 금민 선생님한테 '선생님 말이 이건 맞고 이건 아니다' 이런 식으로 지적을 했다. 금민 선생님이 놀라시면서 '네 말이 맞다' 그러시는 분위기였다. 형이 너무 좋아했다. '내가 다른 건 몰라도 이것만은 금민보다 잘 안다', 그런 느낌? 늘 좀 구부정한 사람이 어깨를 한껏 펴고 싱글벙글하더라.

**참가자들** 으하하.

## '갈아 넣어도' 안 힘들던 순간, 그와 같이했다

**오준호** 여기 모인 사람들이 같이 고생하면서 아르바이트노동자운동의 디딤돌을 놓았다. 벌써 그게 5년 전인데, 알바연대 활동의 시기를 되돌아보면 그 시기가 가지는 의미는 무엇이었을까?

**이혜정** 문석 형이 그런 말을 하곤 했지만 나도 '잘 안 되는' 운동을 오래 했다. 그러다 보니 나는 능력 없는 활동가가 아닐까 고민을 했다. 말을 잘 하지도 못하고 글을 잘 쓰지도 못하고. 그러다가 이 운동을 해 보니까 잘 되는 게 느껴졌다. 기다렸던 순간이었다. 나를 아낌없이 갈아 넣었다. 야근 정말 많이 했지만 힘든 줄 몰랐다. 서른 살, 인생의 전환기였고 내가 뭐든 할 수 있다는 자신이 생겼다. 우리가 뭔가 만들고 있고 사회가 여기 반응하는 게 신났다. 운동이 잘 안 되던 시기의 경험과 고민이 무의미하지 않았다. 그 순간엔 무의미하게 여겨졌더라도, 그런 시간이 있었기에 기회가 왔을 때 아낌없이 뛸 수 있지 않았을까? 문석 형이 나온 사진이 없다. 어디선가 묵묵히 일하고 있었겠지. 그런 시기 덕에 어느 순간 폭발하듯 힘을 낼 수 있었다. 문석이 형도 그랬다고 생각한다.

**하윤정** 일할 때는 불만도 있고 힘들었다. 하지만 돌아보면 팀워크가 좋은 조직이었다. 나중에는 기자회견 한다고 하면 기획하고 현수막 만들고 이 모든 게 프로들처럼 척척 진행됐다. 배우고 성장한 시간이었다. 내게 그 시간은 자부심으로 남았다.

**엄선미** 모두가 각자의 색깔로 빛나던 시절이었다.

**박종만** 시기도 잘 만났다. 정규직 중심의 노동운동을 혁신해야 한다는 말이 많았는데, 알바연대·알바노조 운동이 하나의 새로운 방향을 제시했다고 생각한다. 교현 형과 문석이 형 두 사람이 중심을 잘 잡아 주었다. 교현 형은 치고 나가려는 편이고 문석이 형은 적당히 견제하면서 결과적으로 합이 잘 맞았다.

**문미현** 《월터의 상상은 현실이 된다》라는 영화 제목처럼 '최저임금 1만원'에 점점 가까워지고 있다. 짧은 시간에. 세상 사람들이 처음에 우리 주장을 비웃었지만. 형이 그 뒤를 못 보고 가서 안타깝다.

**박종만** 문석이 형이 있었으면 '최저임금 1만원' 다음에 뭐할까 고민했을 것 같다. '2만원' 운동을 해야 한다는 이야기도 했던 것 같다.

**용혜인** 알바연대로 사회운동을 시작했다. 대학생 때였는데 새벽까지 알바 실태조사를 하고 아침에 등교하곤 했다. 사회운동은 원래 그러는 건 줄 알았다. 힘들다는 생각을 못했다. 지금도 그 시기를 떠올리면서 초심을 생각하고는 한다.

**구교현** 문석이가 알바연대 대변인이었던 5개월은 짧지만 빛나는 순간이었다. 그 이전에 오랜 시간 기본소득 같은 것을 고민했고, 어떤 방식으로 사람들에게 말을 걸어야 하는지 계속 질문하고 준비하고 연구한 시간이 있었다. 우리 모두 그 시기에 어떤 가능성을 보았다. 물론 당시 '최저임금 1만원' 주장이 급진적이었고 알바 문제를 걸고 나타난 새로운 운동이어서 이슈 파이팅이 반향을 불러일으킬 수 있었다. 지금 같은 방식으로 그만큼 효과를 낼 수는 없을 것이고 또 새로운 고민이 필요하다. 하지만 그 시기 활동 경험이 큰 자산이 된 것은 분명하다. 문석이와 함께한 5개월이 너무 짧았고 그가 못다 이룬 꿈이 부채감으로 내게 남았다. 그 마음을 가지고 앞으로 어떻게 해 나갈지 고민하고 있다.

# 대학 친구들
## "우리의 기지를 지킨 친구, 권문석"

그의 이십대는 어땠을까? 많은 사회운동가들처럼 권문석도 대학에서 학생운동을 접하며 세상에 눈을 뜬다. 문석은 성균관대 인문학부 96학번으로 입학하여 문헌정보학과 학생회 집행부를 시작으로 여러 활동을 했다. 학생운동 조직인 성대 학생연대에 가입해 활동했고 4학년인 1999년에는 총학생회 정책국장과 부총학생회장 후보를 했다. 2000년에는 전국학생회협의회(전학협) 계열 학생운동의 성대 명륜캠퍼스 책임자를 맡았다.

대학 시절 그와 같이 활동하던 선배와 동기들이 모여 기억의 조각들을 맞췄다. 각자의 기억을 다른 사람의 기억으로 보충하면서 '문석과 함께한 시절'이 서서히 떠올랐다.

대담은 2018년 3월 9일 서울 종로3가 근처에서 진행했다.

대담 참가자: 고유미(성균관대 유학과 95. 1999년 성대 부총학생회장), 김보영(성균관대 역사교육과 96. 1999년 성대 총학생회 집행부), 김영숙(성균관대 문헌정보과 94), 이성민(성균관대 국문과 96),

대담 진행 및 정리: 오준호

사진: 양희석

왼쪽부터 시계 방향으로 김보영, 고유미, 이성민, 오준호, 김영숙.

## 기억 저편에 있는 문석을 불러내다

**오준호** 권문석의 대학 시절을 시기별로 구성해 보려고 하는데, 그
전에 우선 권문석에 대해 가장 먼저 떠오르는 기억이나 생각을 이야기
해 달라.

**고유미** 나는 1999년에 성대 부총학생회장을 했고 지금은 노동당 활
동을 한다. 문석이 1년 선배다. 문석이와 성대 총학생회 일할 때 손종
호(1999년 성대 총학생회장)랑 나랑 문석이랑 셋이 총학실에 자주 같
이 있었다. 문석이가 성실해서 실제로 무엇을 잘못한 일은 없지만 장
난으로 그를 놀리고는 했다. 놀릴 때 문석이가 뭐라 구시렁거리는 거
들으면서 재미있어 했는데 지금 생각하면 조금 미안하다. 한참 세월이
지나 성대 사람들 모임에 문석이가 와서 결혼한다고 해서 깜짝 놀랐
다. 왠지 문석이와 결혼은 안 어울렸다. 1년 뒤 송년 모임에는 아기가

벌써 태어났다고 해서 놀랐다.

**이성민** 학원에서 일한다. 문석이와 같은 인문학부 동기이고 비슷한 시기에 활동을 시작했다. 처음에 문석이는 그렇게 눈에 띄는 사람은 아니었다. 나는 1997년에 군대 갔다가 1999년에 돌아왔는데 그때 유미 누나가 '부총'하고 문석이가 총학생회 집행국 하더라. 복학해서 활동하려고 하니, 선배들은 다 없어지고 문석이만 남아 있었다. 주로 97들이 단대 학생회장하면서 '캠'(캠퍼스)에서 활동하고, 문석이는 '총학' 후보 나갔다가 떨어진 후에는 성대 학생운동 책임자(전학협 계열 학생운동 성대 명륜캠퍼스 책임자)를 했다. 문석이가 97들하고 뭔가 이야기가 잘 안 되거나 일이 잘 안 풀리면 나한테 이야기했다. 나는 조직활동을 그리 성실하게 하지는 않아 문석이에게 핀잔을 좀 들었다. 문석이는 좀 선배 같은 동기여서, 만날 때 내가 뭐 혼날 게 없나 이런 생각을 했다.

**김보영** 환경운동연합에서 일하고 있다. 대학 때 문석이와 (운동 조직에서) 학습을 같이했을 텐데 기억이 잘 안 난다. 문석이와 본격적으로 같이 일한 건 총학생회 집행국 할 때다. 그때 인상은 사실 좋지 않았다. 권문석과 손종호, 이 두 사람은 요새 말로 '꼰대' 같은 면이 있었다. 그때 기준으로는 운동 신념에 투철한 사람들이었고. 총학생회장은 무릇 이래야 한다거나 총학생회는 이래야 한다는 생각이 확실했다. 나는 정서적으로 좀 힘들었다. 졸업하고도 96학번 동기 모임을 1년에 한두 번씩 했다. 문석이가 사회당에서 활동할 때였나? 나랑 성민이랑 00랑 만화책 이야기하면서 "너는 뭘 보니?" 물었더니 문석이가 "나는 문건을 봐" 이랬다.

**참가자들** 헉!(웃음)

**김보영** 그런데 여자 친구를 사귀면서 바뀌더라. 권문석은 나이를 먹으면서 성장하는구나, 하는 느낌을 받았어. 젠더 의식도 성숙하고 권위적인 물도 빠지고. (그가 연애를 시작하기 전에) 주변에 좋은 친구 있으면 소개해 주고 싶다는 생각도 했다. 우리가 사회생활 하는 동안 문석은 운동하면서 자기 수양을 한 것 같았다. 또 기억나는 것이 있다. 동기 모임에서 문석이에게서 기본소득과 '최저임금 1만원' 이야기를 듣고 "1만원은 너무하지 않아? 기본소득 가능해?" 그렇게 물었다. 그런데 요새 그것이 점점 사회 의제가 되는 걸 보면서 권문석이 살아 있으면 어떤 역할을 하고 있을까 상상하는데, 마음이 짠하다. 문석이에 대한 마지막 기억은, 2012년인가, 동기 모임 끝나고 집에 가는데 문석이가 "공부를 더 할까 하는데 어떻게 생각해?" 하고 물어서 "그래. 하면 좋겠다" 하고 헤어졌다. 이듬해 나는 중국에 있다가 문석이 소식을 들었다.

**김영숙** 문헌정보학과 94학번이고 과 선전편집부장을 했다. 내가 부장일 때 문석이가 입학해서 선전편집부로 들어왔다. 과에 선전편집부도 있고 사회부도 있었는데, 이 두 부서가 과 학생회의 중심이었다. 선전편집부는 주기적으로 과 소식지를 만들었다. 글 청탁해서 받고 또 직접 쓰기도 했다. 문석이랑 세 명 정도가 들어왔던 것 같다. 세미나나 회의에서 선배들이 정세 분석 같은 것을 쫙 말하면서 "너네 생각은 어때?" 라고 물으면, 문석이는 선배들의 말을 따라한 다음에 자기 말을 하는 버릇이 있었다.


## "널 구하러 가다 돌 맞았다"고 하더라

**오준호** 대학 와서 문석이 활동을 시기별로 맞춰 가 보자. 문헌정보학과(1996년에 성대는 학부제를 시행해 인문학부로 신입생을 모집하여 2학년 때 전공을 선택하게 했다. 복잡한 설명을 피하기 위해 문헌 정보학과라고 표기하기로 한다.)에 입학해 선전편집부에 들어가고, 1학년 때 시위를 하다가 부상을 당했다는 이야기가 있다. 1996년 3월에 서총련(서울지역총학생회연합) 집회 중에 노수석 열사가 죽었고 성대 율전캠퍼스 활동가 황혜인 씨가 분신자살하는 사건도 있어 한 해 내내 큰 시위가 많았다. 그해 8월에 한총련(한국대학총학생회연합) '연세대 사태'가 터졌고. 학생연대 계열 학생들이 연세대에 갇힌 한총련 학우들을 구출하려고 신촌네거리로 진격 투쟁을 벌이기도 했다. 이런 일들과 관련해 문석이에 대한 기억이 있나?

**김영숙** 기억난다. 1996년에 '과방'에 노수석, 황혜인 열사 제단과 영정을 마련해 놓았다. 또 성대에는 과방마다 김귀정 열사의 사진은 다 있었다. (김귀정 열사는 성대 불문과 88학번으로 1991년에 경찰의 강경 진압으로 사망했다)

**참가자들** 맞다. 과방마다 있었어.

**김영숙** 96년이면 이미 과는 공부 열심히 하고 주로 강의실에 있는 친구들과 과방에 모여 있는 친구들로 나뉘는 분위기였다. 우리 과는 학번이 높은 선배들이 후배들 챙기느라 과방에 많이 들락날락하곤 했다. 문석이도 아마 과방에 많이 있으면서 선배들 분위기에 녹아들었을 것 같다. 확실하지는 않지만, 문석이가 책을 들고 열심히 수업에 들어갔다, 이런 기억은 없다.

**참가자들** 으하하.

**이성민** 문석이가 시위 중에 다쳤다는 이야기를 여름 지나 들었던 것 같다. 뒤에서 누가 던지는 돌에 맞았다면서 욕을 그렇게 하더라.

**김영숙** 그 이야기 들었던 것 같다. 뒤에서 누가 던진 돌에 맞았다고.

**이성민** 나는 '연세대 사건' 때 연대 안에 있었다. 나중에 문석이가

"내가 너를 구하러 가서 싸우다가 뒤에서 돌 맞았다"라고 하던데 별로 미덥지가 않았다. 구해 주지도 못했으면서 전경도 아니고 뒤에서 (같은 편에게) 돌이나 맞고 말이야.

**참가자들** 하하.

**고유미** 1996년에 성대 총학생회 선거가 3월에 있었는데 그때 나는 (학생연대 계열) 한00 후보 선거운동본부가 무척 건강하다는 인상을 받았다. 그해 학생연대 운동을 시작한 사람들은 그 영향을 조금씩 받지 않았을까? 학생회를 잡고 있지 못했는데 그쪽 사람들이 뭐든 몸으로 열심히 하고 사람도 많이 모이는 모습이 인상적이어서 같이하고 싶다고 생각했다. 문석이도 그런 식으로 같이하게 되지 않았을까?

**김보영** 입학하기 전에 과에서 사흘간 오티(OT, 오리엔테이션) 하는데, 그 즈음에 95학번 선배가 철거민 투쟁에서 눈을 다쳤다. 오티 하는데 선배들이 철거민의 현실을 이야기하면서 후배들을 조직했던 것 같다. 3월 말에 노수석 열사 죽고, 그 후에 노제할 때 우리 학교에서 정말 많이 나갔잖아? 우리 과 알오티시(학군단) 선배들까지 가방 들고 도로변에 서 있었다. 96학번이 그런 분위기의 영향을 많이 받았다.

**고유미** 96년에는 운동권과 운동권 아닌 사람들이 확연하게 나뉘기 시작한 시기이기도 하다. 그 즈음 학부제가 시작되면서 과 후배 챙기는 것도 힘들어졌다.

**김보영** 97년에는 뭐 했지? (참가자들, 기억을 되살리느라 애를 먹었다.)

## 아나운서 교본 읽으며 발음 연습해

**오준호** 여기 있는 사람들이 아무래도 1999년 총학생회 시절에 대한 공통적인 기억이 많을 테니 그 시기로 가 보자. 문석이만 따로 기억하는 것은 힘들 테고, 총학생회를 운영하며 겪은 일들 중에 기억을 떠올려 보고 그 속에서 권문석을 찾아보자.

**김보영** 우리 총학생회의 자부심이라면 집행국이 2학기까지 오래 남아 일을 했다는 거, 심지어 숫자가 늘었다는 거다.

**고유미** 그때를 회상하면, 처음으로 큰 일 하는 것 치고는 서로 마음 상하게 하는 일은 적었던 거 같다.

**김보영** 어느 정도 상해야 상하는 거예요? 나랑 문0 언니는 마음 상한 적 있어요. (참가자들 웃음.) 종호 형은 회장이라고 총학실에서 전화도 잘 안 받고. 그런데 내가 종호 형한테 뭐라고 하면 문석이가 감싸 줬다. 회장님이 저래 보여도 밤에는 전화를 잘 받는다고. 문석이가 종호 형을 좋아했다.

**고유미** 인간적으로 종호를 좋아한 건지, 총학생회장이라 좋아한 건지? (참가자들 웃음) 운동권들은 논쟁하고 싸우는 일이 많았는데 우리는 운동권치고는 크게 충돌하지 않았다. 우리는 참 순하다고 생각했다.

**김보영** 학년이 낮은 집행국원은 상처도 좀 받았다. 그래서 피시통신 그런 데 올리기도 했다. 아무래도 운동권 조직에는 위계도 있고 의사소통이 잘 안 될 때도 있고.

**오준호** 문석이가 총학생회 정책국장을 했는데, 정책국장은 어떤 역할을 하는 건가?

**고유미** 총학생회에서 매주 중운위(중앙운영위원회. 단과대 학생회 대표, 동아리연합회 대표, 총학생회장단으로 구성)를 한다. 중운위에 제출할 문서를 문석이가 만들었다. 중운위 문서를 이렇게 깔끔하게 정리해서 제출하는 총학생회가 이전에 없었다는 평가를 들었다고 한다.

칭찬에 인색한 종호가 그때 문석이를 칭찬했다는 것이다. 사실 그 전에 우리는 문석이가 편집한 문서에 좀 불만이 있었다. 그때 다양한 폰트가 많이 나올 땐데 문석이는 고딕체만 썼다. 오이체, 양재튼튼체 이런 것도 좀 쓰면 좋을 텐데. (참가자들 웃음) 문석이는 종호나 내가 써서 줘야 하는 글을 안 쓰고 있으면 화를 내고 재촉했다. 그 소리가 듣기 싫으면 빨리 써야 했다. 총학생회에서 농활이나 행사 때마다 무슨 자료집을 많이 냈는데 그걸 주로 문석이가 만들었다.

**오준호** 기억 속에서 문석이는 총학생회실에서 뭘 하고 있었나?

**김보영** 생활방 옆 컴퓨터 앞에 앉아서 항상 뭔가 쓰고 있었다. 문석이는 늘 글을 쓰고, 최00은 기타치거나 율동 연습하고(최00는 대학 몸짓패 멤버였다). (참가자들 웃음)

**고유미** 종호는 왔다 갔다 하면서 잔소리하고. 나는 그냥 삶이 힘들었다.

**김보영** 언니는 총학생회 무선전화기를 가방에 넣고 다녔잖아. 왜 그랬지?

**고유미** 전화를 주로 내가 받았다. 그때는 총학생회는 모름지기 이래야 한다는 게 많았다. 우리 스스로 위계 문제나 젠더 문제 이런 것을 성찰할 여력이 없었다.

**김보영** 그때는 그런 여건이 아니었어. 사람들에게 마음 쏠 생각을 못했지.

**고유미** 함께 성찰하는 분위기가 있었더라면 서로 마음 다치는 일도 줄었을 텐데.

**김보영** 생활방에서 집행부들 모여서 '인생 곡선' 하던 게 기억난다. 유미 언니는 자기 인생을 연애를 할 때와 안 할 때로 나눴고, 문석이는 자기 방이 있을 때와 없을 때로 나눴다. 하숙집을 하니까, 부모님이 문석이를 안방에서 자라고 하고 문석이 방을 하숙생에게 주기도 했던 모양이다.

**참가자들** 하하.

**오준호** 99년 총학생회 집행국을 마치고 권문석이 총학생회 선거 후보로 출마하던데, 그건 문석이가 활동 동료들 사이에 인정을 받았다는 것일까? 그때 정후보(총학생회장 후보)는 총학생회 사무국장인 김상도였고 문석은 부후보(부학생회장 후보)였다.

**김보영** 총학생회 집행국 중에서는 가장 투철하고 조직적이었으니까 자연스럽게 그리 됐을 거다. 그 선거 때 내가 선거운동본부장이었다.

**이성민** 나중에 문석이가 자기가 정후보가 됐으면 좋았을 거라는 말을 했다. 후배들과 활동하다 보니까 문석이는 그런 권위가 좀 필요했던 것 같다. 사람을 확 끌고 가는 편은 아니었으니까.

**오준호** 문석이가 발음이 썩 좋은 편은 아닌데 유세 연습은 어떻게 했나.

**김보영** 누가 아나운서 교본을 사 오자고 해서 카세트테이프가 딸린 교본을 샀다. 그걸로 유세 연습을 했다. 선거 때 분위기는 좋았다. 낙선하기는 했지만 다들 너무 고생한 게 마음이 짠해서, 내가 선본원 하나하나 이름을 적어 고생했다고 대자보를 써 붙였다.


## 친구들이 돌아오길 기다리며 기지를 지킨 사람

**오준호** 문석이에 대한 기억에 듬성듬성 구멍이 있는 건 어쩔 수 없는 일이다. 이번에 기록한 내용을 토대로 더 많은 기억들이 여기저기서 나왔으면 좋겠다. 끝으로 권문석의 삶에 대해 하고 싶은 말이 있다면 이야기해 달라.

**이성민** 그는 눈에 잘 안 띄는 '물밑'에서 주로 있었다. 카리스마가 있는 편은 아니었다. 하지만 자기 실력을 서서히 키워서 그 실력을 보여 줄 때가 오면 보여 주는 사람이었다. 만약 살아 있으면 끊임없이 그 실력을 보여 주었을 거 같다. 그런 문석이를 보고 싶은데 없어서 슬프다. 책으로라도 문석이 이야기를 읽게 되면 반갑겠다.

**고유미** 나에게 그의 의미는 살아 있을 때보다 죽고 나서 더 커졌다. 어느 순간 운동에서 멀어져 살고 있었는데, 문석이의 죽음이 계기가 되어 다시 돌아올 수 있었다. 문석이에게 고마운 점이다. 문석이가 죽기 전 몇 번 만났는데 따뜻하게 밥 한 끼 먹자는 말을 못해서 미안하다. 운동하는 사람 중에 잘나고 빛나는 사람도 있지만, 문석이처럼 평범해 보이면서도 자기도 변화하고 주변에 영향을 주는 사람이 있다. 나도 문석이처럼 스스로 변화하고 주변에도 영향을 주면서 살고 싶다.

**김영숙** 문석이는 학생 시절에는 평범한 후배였다. 문석이가 계속 활동하고 결혼하면서 은평구에 이사 와서 종종 만났다. 아이 생겼다고 말해 주던 때가 기억난다. 그가 살아 있었다면 몰랐겠지만, 그가 이 세상에 없으니까 그를 계기로 예전 일을 떠올려보고 성찰하게 된다.

**김보영** 《20세기 소년》이라는 만화를 보면, 어릴 적에 기지 만들며 놀던 친구들이 다 떠난 다음에도 한 사람만은 친구들이 돌아오기를 기다리며 기지를 지킨다. 특별히 잘난 사람은 아니지만 그가 기지를 지킨 덕에 친구들이 돌아올 수 있다. 문석이가 그 역할을 한 것 같다. 문석이 선거 나갈 때, 문석이 어머니가 총학생회실에 전화하셨다. 내가 받았는데 대뜸 "우리 문석이 어딨어요?" 하셔서 "네?" 하고 놀랐던 기억이 난다. 그때 문석이가 선거 때문인지 집에서 오래 나와 있었던 모양이다. 어머니가 아들 걱정을 많이 하셨다. 나중에 아들이 결혼도 하고 아이도 낳고, 부모 입장에서 보기 좋은 모습을 보여 주었는데, 그 시간이 너무 짧았다. 하지만 장례식에 정말 사람이 많이 왔다. 우리 아들이 좋은 영향을 주고 갔구나 하고 부모님이 생각하셨으면 좋겠다.

**오준호** 오늘 긴 이야기 고맙다.

## 금민 정치경제연구소 '대안' 소장
## "한곳에서 버티는 사냥꾼처럼 미래를 준비했다"

권문석과 금민 정치경제연구소 '대안' 소장(전 한국사회당 대표)의 인연은 특별하다. 2007년에 산업체 병역 특례를 마친 문석은 진로를 고민하다 다시 사회운동에 돌아오는데, 그때 처음 한 일이 금민 대통령 후보의 선거운동이었다. 그 뒤 둘은 호흡을 맞추며 함께 많은 일을 했다. 권문석은 기본소득네트워크(현 기본소득한국네트워크)를 함께 만들고 자신도 사회당 기본소득위원장으로 활동했다. 2010년 7월에 서울 은평(을) 국회의원 보궐선거에 금민 후보가 출마하자 문석은 그를 수행하며 선거운동본부 정책국장을 맡았다. '최저임금 1만원'의 아이디어를 금민이 제안하고 권문석은 현실 운동으로 만들고자 분투했다. 금민은 권문석의 장례식에서 추모사를 읽었다. 2018년 2월 22일 금민 소장을 정치경제연구소 대안에서 만나 권문석에 대한 기억을 들었다.

인터뷰 및 정리: 오준호

**권문석을 처음 만났을 때 인상을 말해 달라.**

- 2007년에 병역 특례 마치고 왔다며 대선 선거운동을 하겠다고
나타났다. '정치기획단'이라는 이름으로 활동하면서 그는 현장 선거
운동을 기획하고 대외협력 사업을 담당했다. 주로 거리에서 돌아다니
는 일이었다. 후보가 거리 유세 나갈 때 동선을 짰다. 자기가 하는 일에
대해 좋게 말해 몰입하고 다르게 말하면 좀 욕심이 과한 면이 있더라.

**무슨 일이 있었나?**

- 대선 중에 나는 그가 짠 일정에 따라 이주노동자 집회에 참가해
꽤 오래 있었다. 거기 온 후보는 나뿐이었어. 수행 팀이 요청하여 다른
곳에 선거운동을 하러 가려는데, 권문석이 나보고 이주노동자들 사이
로 다니면서 인사를 하라고 하더라. 수행 팀이 이제 다른 데로 가야 한
다고 하니까 권문석이 화를 냈다. 그런데 그 집회에 온 분들은 아무도
'유권자'가 아니었다. 나중에 자기도 그 생각이 든 거 같았다. 자기 일

에 좀 너무 몰두하는 편이구나 생각했다.

**뭐든 시작하면 다른 것을 보지 못하는 성격이라고 다른 사람들도 말하더라.**

- 대선 후에 권문석은 사회당 당직자로 일을 시작했다. 그 나이 또래 활동가들이 모여 정치경제와 철학을 공부하는 세미나를 다달이 했는데 내가 멘토링을 했다. 그러면서 한 달에 적어도 한 번씩은 꼬박꼬박 만났다.

**기본소득운동을 그와 같이하게 됐나?**

- 2009년에 기본소득에 동의하는 연구자와 활동가들이 서로 교류하기 위해 '기본소득네트워크'라는 모임을 꾸렸다. 강남훈 교수를 대표로 모시고 내가 운영위원장을 했는데, 권문석이 운영위원으로 들어와 실질적으로 사무국장 노릇을 했다. 사회당이 많이 도왔고, 실무는 권문석이 틀어쥐고 했다. 그가 운영위원회 회의 문서를 만들었다. 보고 안건, 논의 안건, 기본소득 동향, 관련 기사를 정리했고 자기 나름대로 사업 제안서도 썼다. 알바연대에서 일하기 전까지 그가 계속 이 일을 했다. 그가 없었으면 기본소득네트워크는 돌아갈 수 없었을 거다.

**기본소득운동이 한 걸음 크게 내딛은 계기는 2010년 1월 27일~29일에 열린 기본소득국제학술대회였다. 그 행사 준비 과정에 문석이 어떤 일을 했나.**

- 준비할 게 엄청 많았다. 기본소득네트워크를 포함해 여러 연구소와 단체들이 대회조직위원회를 만들었는데, 회의에서 권문석이 안건 발의를 해서 집행위원장으로 자신을 천거하더라. 자기가 한번 해보겠다는 의지가 강했다. 회의 참석자들도 권문석이 열심히 하는 건 다 알았으니까 이견 없이 통과됐다. 해외 발표자를 초청하고 기금을

모으는 일은 나와 곽노완 교수 등이 주로 했지만, 행사장 섭외하고 세션 배치하고 원고 받아 자료집 만들고 홍보 팸플릿 만드는 등 수많은 일을 권문석이 다 처리했다. 2년 지나 2012년 3월에 또 한 차례 국제학술대회를 열었다. 그때는 '월스트리트 점령 운동'이 세계에 영향을 준 때라 프레카리아트 운동과 기본소득을 연관하여 기획했다.

**'2012 기본소득 국제대회— 금융자본주의를 점령하라' 라는 제목의 대회(3월 16일~18일)였다.**

- 월스트리트 점령 운동 활동가, 독일 해적당 활동가, 독일 아탁(ATTAC. 금융과세시민연합) 활동가를 발표자로 초청했다. 이때도 발표자 섭외와 초청은 나와 교수들이 했지만, 행사 기획하고 장소 대여하고 자료집 만드는 '막일'은 권문석이 했다. 기억나는 일이 있다. 권문석이 해외 발표자들 이름의 철자를 팸플릿에 조금씩 틀리게 썼더라.

**왜 그런 건가?**

- 왜 그랬냐고 물으니까, 이 사람들은 요주의 활동가라 한국 정부가 공항에서 입국을 막을 수도 있어서 위장을 위해 그렇게 했다는 거다. 2011년에 일본 활동가들이 한국에 들어오다가 거부당한 적이 있기는 했다. 하지만 이번에는 학술대회라 목적이 분명해서 그런 우려는 없었다. 문석이 나보고, 발표자들에게 한국 상황에 관해 주의를 주라고 신신당부했지만, 그러겠노라 했을 뿐 시키는 대로 하지는 않았다.

**입국할 때 실제로 무슨 문제는 없었나?**

- 아무 문제도 없었다. 발표자들이 행사에 와서 팸플릿을 보고 자기 이름 철자가 틀리게 나왔다고 다들 뭐라 했다. 어쨌든 토론회는 성

황이었고, 언론에도 굉장히 많이 보도됐다. 권문석이 보도 자료 쓰고 기자들에게 전화도 많이 했다.

**권문석이 기본소득에 관해서 직접 쓴 글도 많이 있더라.**

  -《민중의 소리》나《프레시안》같은 인터넷 언론에 기본소득에 대해 연재하는 기획을 권문석이 했는데, 연구자들에게 기고문을 요청하고 자기도 썼다. 기본소득 비판하는 글을 누가 쓰면 자기가 직접 반박하는 글을 써서 기고하기도 했다. 기고문을 읽은 서울대 김세균 교수가 나에게 "권문석이 누구냐? 똑똑하대"하더라. 기본소득네트워크에서 세미나한 내용을 꼼꼼히 노트에 적었다가 활용해서 글을 썼다. 나와 다른 운영위원들이 강의하는 걸 그가 찍어다가 동영상을 만들어 인터넷에 올렸다. 동영상이 썩 멋지지는 않지만, 일단 만들어 두면 도움이 된다고 그는 생각했다. 그는 기본소득운동이 자기 운동이라고 확신했다.

**2010년 7월 28일 서울 은평(을) 국회의원 보궐선거에 한국사회당 후보로 나가지 않았나? 권문석은 이 선거에서 자신이 주된 역할을 했다는 데 자부심을 가진 것 같다.**

  - 은평 선거에서 권문석이 선거운동본부 정책국장을 했는데, 그에게는 처음으로 자기 생각을 펼쳐 낸 선거였을 것이다. 그의 책임 하에 각종 홍보물이 나왔다. 예비후보 선거운동 기간에는 나와 권문석밖에 없었다. 그가 사무실을 구했고, 그와 같이 사람들을 만나러 다녔다. 휑한 사무실에 컴퓨터 두 대 두고 시작했는데, 권문석이 커다란 은평구 지도를 사오더니 펼쳐 놓고 이것저것 기획했다. 본격적으로 선거운동 들어갔을 때 지도를 보고 동선을 짰다. 그가 초기 세팅을 다했다.

내가 많이 돌아다녀야 하는데 구두가 딱딱해 불편해 하니, 푹신한 구두를 어디서 파는지 안다며 나를 구두 가게로 데려가더라.

**'최저임금 1만원'을 금민 소장이 제안했고, 권문석과 알바연대가 현실 운동으로 만들어 냈다.**

— '최저임금 1만원'은 김순자 선거 때 처음 제안됐다. 그 전에 운동 진영은 최저임금을 노동자 평균임금의 50%까지 올리자, 최저임금을 두 배로 인상하자, 이렇게 주장했다. 당시 기준으로 두 배로 해도 8,000원 수준이다. 나는 줄곧 1만원으로 하자고 주장했다. 이건 요구 투쟁인데 만원 떠들어야 사람들을 움직일 수 있다. '요상한' 계산 방식에 매달릴 필요가 없다. "최저임금 1만원", "국민 유급 안식년제", "노동시간 단축", "기본소득 30만원"을 김순자 후보가 이야기하고 다녔고, 김순자 후보 선거 캠프 '순캠'에 청년 알바들이 모였다. 권문석은 거기서 돌파구를 찾은 듯하다.

**권문석은 알바연대 운동을 하면서 이전의 그 어떤 때보다 신바람이 났던 것 같다.**

— 이 친구의 꿈은 사회운동에서 야전사령관 같은 일을 해 보는 거다. 정책을 관철하고 집행을 책임지는 사람이 되고 싶어 했다. 기본소득운동을 오래 했는데 대중 주체가 만들어지지 않았다. 프레카리아트가 주체가 되어야 하는데 알바가 바로 프레카리아트이고 알바를 조직하려면 기본소득만으로는 안 되고 최저임금 문제를 제기해야 한다, 그런 생각으로 그는 알바 운동을 선택했다. 청년 프레카리아트와 함께 운동하고 싶어서. 그런데 해 보니 헛발질이 아니라 진짜 됐고.

**곁에서 보니 권문석이라는 인간은 어떤 사람이었나.**

– 이 일을 좀 더 효율적으로 잘하는 방법이 뭘까, 늘 그 생각을 하고 살더라. 결혼한 다음에는 부인의 영향으로 문화생활도 하게 됐지만, 평소에는 일 중독적인 면이 있다. 인풋과 아웃풋을 굉장히 중요시했다. 자기가 하는 일에 생산성을 높이고 싶어 했다. 그리고 모든 일을 조금씩 다 할 줄 알았다. 군대의 직책으로 비유하면 '상사'다. 상사는 부대의 자질구레한 일까지 다 한다. 권문석은 현장 상황실장부터 연대사업, 기자회견이나 행사 기획, 정책과 글쓰기까지 정치조직에 필요한 사무를 어지간히 다 할 줄 알고 또 했다. 일 중심이기는 하지만 사람은 기본적으로 휴머니스트였다. 이기적이지 않았다. 아웃사이더들에게 잘 대해 주고 잘 사귀었다.

**자기 장래 희망이 '진보정당의 관료'라고 했다던데 그 사람의 성격을 보여 주는 듯하다.**

– 사실 사회에는 권문석 같은 사람들이 적지 않다. 기업에서 흔히 볼 수 있는, 성실하고 여러 몫을 하여 인정받는 사람들이다. 안타깝게도 사회운동에는 어깨에 힘주고 자기 실력에 비해 자의식만 높고 정작 운동에 별로 기여하지 못하면서 자리만 차지하는 사람들이 종종 있다. 권문석은 그렇지 않다. 사회운동이든 기업이든 어디에 떨어뜨려 놔도 자기 실력으로 어느 정도 위치에 올라서고 조직에 기여할 사람이다. 그러면서도 자기가 대단한 사람이라는 자의식이 없다. 말 그대로 운동가가 직업인인 사람이다. 제대로 된 진보정당의 정책실장을 하고 싶어 했고 제대로 된 연대체의 집행위원장이 되고 싶다고 한 적 있다.

**권문석이 보여 준 가장 큰 미덕이 있다면?**

- 사냥감을 잡으려고 한곳에서 며칠을 버티는 사냥꾼이었다. 그는 성실히 자기 자리를 지키면서 앞날을 준비했다. 이 조직의 과제와 이 시대의 과제를 자기 나름대로 설정하고 당장 해야 하는 일부터 장기적으로 해야 하는 일까지 묵묵히 해 나갔다. 그러다 보니 과로가 쌓였을 것이다. 자기가 세운 과제를 언젠가 해결하겠다고 마음먹고, 해결하기 위해 늘 더 효율적인 방법을 찾으려고 애썼다. 그의 성실함에 많은 사람이 빚을 졌다.

# 내게 권문석은 이런 사람

(권문석이 세상을 떠난 후에 그를 기억하는 여러 사람의 글을 모아 보았다.)

대학 졸업 후엔 문석이와 교류가 많지는 않았는데 문석이가 결혼한다고 정말 오랜 만에 전화를 걸어 왔다. 수화기 너머의 문석이는 쑥스러운 듯 말했지만 난 엄청난 하이 톤으로 호들갑 떨며 축하했다. 그냥 내 맘이 너무 좋았다. 보통사람들처럼 때 되면 장가가고 또 애 낳고 그렇게 평범하게 살기를 바랐나 보다. 기쁜 마음으로 결혼식장에 갔는데 부인을 보니 마음이 더 훈훈해졌다. 당차고 씩씩한 여장부 스타일처럼 보였다. 선배 눈엔 마냥 순하고 착하게만 보이는 문석이 옆엔 저런 캐릭터가 딱일 것 같다고 생각했나 보다. 안심이 됐다고 할까. 내 마음이 참 푸근하고 쨍하게 맑았던 그날, 지하철역으로 걸어가며 '우와 오늘 날씨 진짜 좋다' 했던 기억이 생생하다.

— 성균관대학교 문헌정보학과 선배가 동문 밴드에 올린 글

문석이와 대박 싸운 기억이 나요. 2009년이나 2010년 즈음, 제가 인연맺기운동본부에 일할 때 인연 콘서트(나눔 기금을 모으기 위해 인연맺기운동본부에서 개최)를 준비하면서, 사회당에서 일하는 문석이에게 기자 명단을 부탁했어요. 보도 자료를 뿌리려고요. 선뜻 본인이 보내 주겠다고 했어요. 당에는 보도 자료 뿌리는 루트가 있다고. 저는 엄청 고마워하면서 자료를 넘겼는데, 나중에 보니 당 명의로 보도 자료를 뿌려서 제가 그러면 어떻게 하냐고 따졌어요. 문석이가 당이 잘되어야 다 잘되는 거 아니냐고 하는 바람에 제가 버럭버럭 화를 냈어요. 버스 정류장에 둘이 서서 싸웠어요. 참 문석이는 경주마 같은 스타일이었어요.

늦게까지 술 마시고 놀기를 좋아하던 저와 달리 문석이는 가능하면 어머니가 해 주는 밥 먹기 위해 일찍 가고, 주말에는 어머니 도와야 하니 집에서 보내려고 했어요. 효자 문석이로 기억해요. 그런 권문석과 어느 새벽 홍대에서 마주쳐서 '뭐지 이 자식이 이 새벽에 왜 여기에' 하고 생각했는데 알고 보니 연애하고 있었다는 거. 문석이도 인간이로구나 했어요.

— **문미정** (권문석의 동기, 전 평화캠프 사무총장)


전학협(전국학생회협의회) 중집(중앙집행위원회) 활동할 때 가깝게 지냈어요. 심성이 착하고 다른 사람을 받쳐 주는 역할을 자기 일로 받아들이고 빈 부분을 메우는 역할을 했어요. 후에 저는 문화운동 단체에서 일하고 문석이는 사회당에서 일했는데, 사무실이 둘 다 공덕동이라 가까웠어요. 문석이와 점심 때 밥 같이 먹고는 했는데, 한번은 기본소득 팸플릿을 들고 와서 기본소득을 공부하는데 재밌다고 신이 나 설명하더라구요. 저는 기본소득을 그때 문석이에게 처음 들었어요. 한번은 우리 사무실에 짐 옮길 일이 있어서 문석이에게 이거 좀 날라 달라고 부탁해서 짐 나르고 밥 먹고 헤어지려는데, 문석이가 우리 사무실을 쳐다보면서 더 해줄 거 없냐는 거예요. 없다고 그냥 가라고 했는데, 그렇게 살펴주려 하던 모습이 떠올라요.

— **우지연** (권문석의 동기, 문화운동 단체 활동)

# 후기

권문석이 20대와 30대에 걸어간 삶은 나와도 일부분 겹친다. 그래서 그의 죽음을 알리는 소식은 내게도 충격이었다.

내가 그를 알고 또 작가라는 부끄러운 이름을 쓰고 있다 보니, 이 약전을 문석의 1주기에 내자는 제안을 받았다. 못 쓰겠다고 거절했다. 하면 슬퍼질 것 같고 슬퍼지기 싫었다. 5주기에 맞춰 내자는 제안을 받았을 때 거절하지 못했다. 시간이 흐르면서 슬픔은 많이 가라앉았고, 그가 이 세상의 벽에 낸 조그만 틈이 지난 5년 사이에 꽤 커져 많은 사람이 그 틈으로 드나들고 있었다. 2016~2017 촛불혁명이 그 세상의 벽을 흔든 것도 문석이 낸 틈을 더 커지게 만들었다. 그의 삶을 기록할 의미가 충분히 생긴 듯했다.

작업은 쉽지 않았다. 문석과 같은 시기에 같은 공간을 공유한 사람들이 그에 대한 구체적인 기억을 잘 떠올리지 못했다. 이유는 간단했다. 문석은 어디에서든 자신이 해야 할 일을 금세 찾아 그 일에 집중했고, 그래서 '늘 거기 있었던 사람'처럼 여겨졌다. 그는 어떤 공간에서든 자연스럽게 또 빠르게 그 공간의 꼭 필요한 일부가 되어 자기 책임을 다하며 살았다. 물체의 무게중심이 겉으로 드러나지 않듯, 문석에게도 겉으로 드러나는 특별한 에피소드가 많지 않았다.

작업의 또 다른 어려운 점은 문석이 자기 속마음의 기록을 거의 남겨놓지 않았다는 것이다. 정책국장, 대변인, 유인물·성명서·기자회견문 작성자로 무수한 글을 쓰고 살았으면서 정작 자기의 희로애락과 사생활에 관해서는 쓴 글이 별로 없다. 문석의 고민과 생각은 그가 쓴 공적인 글, 그리고 그와 대화한 사람들의 증언에서 추측할 수밖에 없었다.

그렇게 추측해 보더라도 권문석에 대해 분명히 말할 수 있는 것이 있다. 그는 끊임없이 진보하고 성장하는 사람이었다. 자기 생각을 표현하기조차 어려워하던 청년이 사회운동의 정책통으로 인정받고, 동료에게 종종 상처 주던 사람이 타인을 배려할 줄 아는 사람으로 조금씩 변화했다. 성장하기 위해 그가 부단히 노력했음을 보여 준다. 살아 있다면 그는 더 크게 성장하여 주변을 놀라게 했을 것이다.

대담, 인터뷰, 자료 수집에 도움을 주신 분들에게 감사드린다. 문석의 부인 강서희 씨와 누님 권은혜 씨에게 특히 큰 도움을 받았다. 문석의 오랜 친구 엄민 씨, 문석의 멘토였던 금민 정치경제연구소 '대안' 소장(두 분은 우연히 이름이 비슷하다)과의 인터뷰는 유익했다. 학생운동 동료들, 사회당 동료들, 기본소득운동의 동료들, 알바연대 동료들은 문석의 다양한 면모를 생생하게 증언해 주었다. 추모시 인용을 허락해 주신 송경동 시인, 필자를 믿고 작업을 의뢰해준 권문석추모사업회, 졸고를 제대로 된 책으로 완성시켜 준 박종철출판사에도 감사 말씀을 전한다.

끝으로, 오늘보다 나은 세상을 향해 묵묵히 일하는 여러 '권문석들'에게도 감사드린다.

2018년 4월 24일
오준호

**사회운동가 고 권문석 추모사업회**

권문석과 함께했고 함께하고자 하는 사람들로, 매년 권문석의 기일인 6월 2일에 맞춰 추모제를 개최하고, 권문석이 펼쳤던 '최저임금 1만원', '기본소득', '알바노동자 운동'이 확산되도록 힘쓰고 있다.

**오준호**

서울대학교 국어국문과를 졸업했고 경상대 정치경제대학원에서 공부했다. 논픽션 작가로 활동하며 르포르타주와 인문 교양서를 넘나들며 다양한 책을 쓰고 독자를 만나고 있다. 권문석과 짧은 시간 같은 공간에 있었고 세상을 바꾸려는 꿈을 그와 같이 품었다. 문석이 실현하려고 노력한 기본소득에 대한 책 『기본소득이 세상을 바꾼다』를 썼다. 그밖에 『세월호를 기록하다』, 『노동자의 변호사들』, 『소크라테스처럼 읽어라』, 『반란의 세계사』 등을 썼다.

# '알바생' 아니고 '알바노동자'입니다
## '최저임금 1만원'을 외친 사회운동가 권문석을 기억하다

| | |
|---|---|
| 기획 | 사회운동가 고 권문석 추모사업회 |
| 지은이 | 오준호 |
| 펴낸곳 | 박종철출판사 |

| | |
|---|---|
| 주소 | 경기도 고양시 덕양구 화중로104번길 28 (화정동, 씨네마플러스) 704호 |
| 전화 | 031.968.7635(편집) 031.969.7635(영업) |
| 팩스 | 031.964.7635 |

초판 1쇄   2018년 6월 2일
초판 2쇄   2018년 12월 20일

값 10,000원

ISBN   978-89-85022-82-8   03990